SOCIÉTÉ INTERNATIONALE

DES ÉTUDES PRATIQUES

D'ÉCONOMIE SOCIALE

FONDÉE EN 1856

PAR

F. LE PLAY

Auteur des *Ouvriers européens*
et de *la Réforme sociale en France*

RECONNUE D'UTILITÉ PUBLIQUE EN 1869

Médaille d'or du prix AUDÉOUD
(*Académie des Sciences morales et politiques*)

Grand prix à l'Exposition d'Économie sociale
(*Exposition universelle de 1889*)

**Historique
Liste des Membres
Travaux de la Société
Publications**

PARIS

AU SECRÉTARIAT DE LA SOCIÉTÉ D'ÉCONOMIE SOCIALE
54, RUE DE SEINE, 54

1896

SOCIÉTÉ INTERNATIONALE

DES ÉTUDES PRATIQUES

D'ÉCONOMIE SOCIALE

FONDÉE EN 1856

PAR

F. LE PLAY

Auteur des *Ouvriers européens*
et de *la Réforme sociale en France*

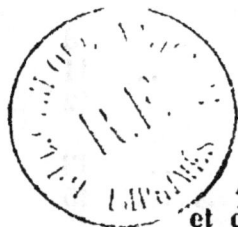

RECONNUE D'UTILITÉ PUBLIQUE EN 1869

Médaille d'or du prix AUDÉOUD
(*Académie des Sciences morales et politiques*)

Grand prix à l'Exposition d'Économie sociale
(*Exposition universelle de 1889*)

—

**Historique
Liste des Membres
Travaux de la Société
Publications**

—

PARIS

AU SECRÉTARIAT DE LA SOCIÉTÉ D'ÉCONOMIE SOCIALE
54, RUE DE SEINE, 54

—

1896

SOMMAIRE

LA
SOCIÉTÉ D'ÉCONOMIE SOCIALE

SON BUT ET SES TRAVAUX

La Société internationale des études pratiques d'économie sociale a été fondée par F. Le Play, en dehors de tout système social et politique, pour remplir le vœu qu'avait exprimé l'Académie des sciences de Paris, en décernant, le 28 janvier 1856, le prix de statistique à l'ouvrage intitulé : *Les Ouvriers européens* [1]. Elle applique à l'étude comparée des diverses constitutions sociales la méthode d'observation exposée dans cet ouvrage [2]. Elle publie dans un recueil ayant pour titre : *Les Ouvriers des Deux Mondes*, le résultat des recherches qu'elle encourage par des prix.

La première pensée de cette institution a été

---

1. V. ci-après *Appendice I.*

2. Cette méthode a reçu sa formule et ses règles défi-nitives dans la deuxième édition des *Ouvriers européens*, dont le premier volume a fait l'objet d'un tirage à part, sous le titre : *La Méthode sociale*. En outre, la Société, pour guider ses collaborateurs et imprimer une direction uniforme à leurs travaux, a publié, en 1862, un docu-ment ayant pour titre : « Instruction sur la méthode d'observation dite des Monographies de familles, propre

émise dans une réunion de savants, d'agriculteurs et de manufacturiers appelés à Paris pour l'Exposition universelle de 1855. La Société a rédigé ses statuts le 11 avril 1856. Elle s'est définitivement constituée le 27 novembre suivant. On trouvera, à la suite de cette notice, un extrait de ses statuts, qui définit nettement le but qu'elle poursuit et les moyens d'action qu'elle emploie. Enfin elle a été classée, par décret impérial du 15 mai 1869, comme établissement d'utilité publique : et, en cette qualité, elle est autorisée à recevoir des dons et legs [1].

Elle compte donc aujourd'hui 40 ans d'existence. Sans parler de ses membres, recrutés dans les hauts rangs du commerce, de l'industrie, de l'agriculture, et dans les arts libéraux, elle a eu pour présidents les hommes les plus considérables, J.-B. Dumas, Ch. Dupin, Wolowski, L. Cornudet, A. Cochin, Michel Chevalier, Batbie.... Enfin, elle a eu pendant vingt-cinq ans comme secrétaire général son fondateur, F. Le Play, l'éminent auteur des *Ouvriers européens* et de *la Réforme sociale en France*.

à l'ouvrage intitulé *les Ouvriers européens.* » Cette *Instruction* a été, en 1888, revue et développée par M. Ad. Focillon, et augmentée de spécimens de monographies, spécialement destinés à faire mieux connaître la façon d'établir les budgets de recettes et de dépenses, ainsi que les comptes qui y sont annexés. (1 vol. in-8; prix 2 fr.)

1. V. ci-après, p. 12, le modèle des formules à adopter pour les legs et donations.

Parmi les hauts encouragements qu'elle a reçus, elle aime surtout à compter la médaille d'or du Prix Audéoud, décernée par l'Académie des sciences morales et politiques, et le Grand Prix donné par le Jury international d'économie sociale de l'Exposition universelle de 1889, ainsi que les grands prix qu'elle a obtenus à l'exposition d'économie sociale de Lyon (1894) et à celle de Bordeaux (1895).

On verra plus loin la liste complète des anciens présidents des sessions ordinaires et des Congrès annuels, la composition du Bureau et du Conseil d'administration pour la session actuelle, et la liste des membres arrêtée au 1er novembre.

La Société tient ses séances de novembre à mai, le deuxième lundi de chaque mois, à 8 heures et demie du soir. A la fin de chaque session, des séances extraordinaires ont lieu à l'occasion de la réunion annuelle des Unions de la paix sociale[1]. Dans toutes ces séances, la Société discute les questions sociales à la lumière des faits et de l'observation, et en dehors de toute idée préconçue. Elle publie, depuis le 1er janvier 1886[2],

---

1. V. *Appendice V*.

2. De 1856 à 1864 les procès-verbaux des séances sont restés manuscrits ; de 1864 à 1885 ils ont été publiés dans un *Bulletin* qui forme 9 volumes in-8°, avec tables analytiques. En janvier 1886, la Société est devenue propriétaire de la revue *la Réforme sociale* qui depuis lors remplace le *Bulletin*. Les trois premières séries de *la Réforme sociale* (1881-1895) constituent une collection de 30 volumes in-8°, dont plusieurs sont presque épuisés.

le compte rendu de ses discussions dans la revue bimensuelle *La Réforme sociale, Bulletin de la Société d'économie sociale et des Unions de la paix sociale.* Cette revue que Le Play avait fondée en 1881, en lui donnant pour titre celui du plus célèbre de ses ouvrages[1], forme par an deux forts volumes in-8°, et constitue un répertoire varié d'études morales et de recherches économiques toujours inspirées par les leçons de l'expérience[2].

La Société encourage en outre de son patronage l'enseignement de la méthode d'observation et la rédaction des monographies de familles. Elle publie celles de ces études qui ont reçu son approbation. C'est ainsi que 85 monographies, toutes dressées sur le même plan, d'après la même méthode, et dès lors exactement comparables, ont été insérées dans le recueil intitulé : *Les Ouvriers des Deux Mondes,* qui paraît aujourd'hui par fascicules trimestriels[3].

Enfin, depuis 1882, de novembre à mai, un dîner réunit, le quatrième lundi de chaque mois, les membres de la Société et des Unions. L'ordre du jour de ces réunions comprend l'analyse de la correspondance et la discussion de diverses communications. Le compte rendu en est reproduit par *La Réforme sociale.*

1. V. ci-après *Appendice II.*
2. V. ci-après *Appendice VI.*
3. La première série de cet ouvrage a été publiée de 1857 à 1885 en 5 volumes in-8° et devient rare. La 2e série paraît depuis juillet 1885 à raison de 4 fascicules par an, contenant chacun une ou deux monographies.

On pourra se faire une idée du nombre et de l'intérêt des travaux de la Société en se reportant aux deux tables insérées ci-après. La première énumère sommairement les matières traitées dans les séances de la Société depuis sa fondation. La seconde donne la liste des monographies contenues dans *Les Ouvriers des Deux Mondes*[1].

La Bibliothèque de la Société, sans cesse enrichie par les échanges qu'elle multiplie en France et à l'étranger avec les Universités, les Sociétés savantes et les Revues spéciales, ainsi que par les dons et legs qui lui sont généreusement adressés, est ouverte gratuitement aux membres. Ils peuvent aussi assister aux cours et conférences qui y sont donnés pendant chaque session.

La Société d'économie sociale ne s'est point bornée à poursuivre cet ensemble de recherches et de publications et à réunir de nombreux matériaux d'études ; elle s'est attachée, partout où son action se pouvait faire sentir, soit à encourager l'enseignement scientifique de l'économie sociale, soit à provoquer des enquêtes méthodiques sur la condition morale et la situation matérielle des populations ouvrières, soit à susciter l'application pratique des résultats déduits de l'observation.

1. On peut se procurer au secrétariat de la Société, rue de Seine, 54, le *Bulletin, la Réforme sociale* et *les Ouvriers des Deux Mondes*, à des conditions dont on trouvera le détail ci-après : *Appendice VIII*, Publications de l'Ecole de la paix sociale.

A cet effet, elle a depuis longtemps créé des cours[1] ;
en outre elle donne des prix à distribuer dans les
écoles de tout rang qui ont organisé un enseignement social. Elle a créé en 1892 des récompenses
destinées à honorer, dans les milieux ouvriers,
les vertus de famille et l'attachement à l'atelier
(Prix Marie-Jeanne de Chambrun). Enfin, dans
la mesure que lui permettent les donations qu'elle
a reçues, elle s'efforce de développer par des concours la connaissance et l'emploi de la méthode
d'observation dans les études sociales.

C'est pour obéir aux mêmes préoccupations
que la Société a aidé son fondateur F. Le Play
dans les travaux relatifs au nouvel Ordre de
récompenses créé à l'Exposition universelle de
1867 en faveur des ateliers qui conservent le
mieux la paix sociale[2]. De même, à l'Exposition
universelle de 1889, un grand nombre de ses
membres se sont dévoués, soit dans les commis-
sions et les jurys, soit comme exposants, à cette
exposition d'économie sociale qui a si hautement
témoigné de la fécondité du patronage volontaire[3].
C'est ainsi encore qu'elle a encouragé de son
appui le développement des institutions de prévoyance, de coopération ou de mutualité, aussi
bien que les efforts qui, répondant à un généreux
appel, ont voulu dans ces dernières années

1. V. *Appendice VII.*
2. V. ci-après *Appendice III.*
3. V. ci-après *Appendice IV.*

accomplir un grand devoir social en améliorant dans nos cités les logements de l'ouvrier et du pauvre[1].

La Société et les Unions, conformément à un vœu émis dans leur congrès annuel en 1894, ont organisé à la fois le *Comité de défense et de progrès social* et les *Groupes d'études pratiques d'économie sociale*. Le Comité s'est constitué sous la présidence de M. Anatole Leroy-Beaulieu, de l'Institut, pour défendre les vérités sociales et combattre les erreurs collectivistes, à Paris et en province, par des conférences et des publications populaires. L'action du Comité s'est particulièrement exercée, depuis deux ans, par des conférences publiques à Paris dans le quartier des Écoles, et par un double concours, ouvert avec l'aide de la Société des Agriculteurs de France, et qui a donné lieu à diverses publications[2]. Les Groupes d'études pratiques se sont formés sous la présidence de M. E. Glasson, de l'Institut, professeur à la Faculté de droit de Paris, pour encourager parmi la jeunesse de nos grandes écoles les travaux d'économie sociale et politique et l'emploi de la méthode scientifique d'observation[3].

1. Pour cette partie de ses travaux, la Société a reçu une médaille d'or du Jury d'économie sociale (sect. XI, habitations ouvrières), à l'Exposition universelle de 1889.

2. V. ci-après, p. 16, la composition du Comité et à l'*Appendice VII* la liste de ses publications.

3. V. ci-après, p. 17, les diverses sections qui composent ces groupes.

La Société comprend des membres honoraires et des membres titulaires. La cotisation annuelle des membres honoraires est de 100 francs au minimum. La cotisation des membres titulaires est fixée à 25 francs. Les uns et les autres ont droit à assister aux séances de la Société, à prendre part à ses travaux, à user gratuitement de sa bibliothèque, à se procurer à des prix réduits les publications qu'elle édite ou qu'elle patronne, enfin à recevoir la revue bimensuelle *La Réforme sociale* et les fascicules trimestriels des *Ouvriers des Deux Mondes*.

Les membres titulaires peuvent racheter le payement annuel de la cotisation par le versement une fois fait d'une somme de trois cents francs. Ils sont alors inscrits comme *membres à vie*.

L'admission dans la Société est prononcée provisoirement par le Conseil, sur la présentation de deux membres, et soumise à la ratification de l'assemblée en séance publique.

1er Novembre 1896.

EXTRAIT DES STATUTS DE LA SOCIÉTÉ

Article premier.

La Société, fondée à Paris, se propose surtout de constater, par l'observation directe des faits, dans toutes les contrées, la condition physique et morale des personnes occupées à des travaux manuels, et les rapports qui les lient, soit entre elles, soit avec les personnes appartenant aux autres classes.

Art. 2.

Pour atteindre ce but, la Société réunit des documents offrant des résultats de ce genre d'observations; elle les contrôle, puis elle publie ceux qui ont reçu son approbation.

Elle s'applique également à former des observateurs, introduisant dans ces recherches une méthode commune qui les rende comparables, et une exactitude qui en recommande les résultats à l'attention publique.

Art. 3.

La Société emploie, comme principal moyen d'exécution, des prix accordés soit aux membres eux-mêmes, soit à d'autres personnes qui se dévoueront à ses travaux.

Art. 4.

La Société se compose : 1º de *Membres honoraires*; 2º de *Membres titulaires*. Les uns et les autres se recrutent indifféremment en France et dans les pays étrangers.

Les membres honoraires jouissent de tous les droits acquis aux membres titulaires.

ART. 7.

Chaque membre apporte son concours à la Société, pour obtenir les documents qu'elle recherche, et pour lui amener des adhérents.

Chaque membre s'engage, en outre, à favoriser autant qu'il dépend de lui, dans les localités où son influence est établie, les travaux de ses collègues et des personnes accréditées par la Société.

Legs et Donations

(MODÈLE DE FORMULE POUR UN LEGS)

Je lègue à la Société internationale des études pratiques d'économie sociale, fondée en 1856 par F. Le Play, et reconnue comme établissement d'utilité publique par décret impérial du 15 mai 1869, dont le siège est à Paris, rue de Seine, 54, ...

.... . *(Indication de la nature du legs)*..   . .

pour qu'il en soit fait usage, sous la direction de son conseil, conformément à ses statuts.

Ce legs sera franc et quitte de tous frais et droits.

    Lieu   *Date*   *Signature*

AVIS IMPORTANT. — Pour une *donation*, la même formule pourrait être employée, mais la donation ne serait valable qu'autant que l'acte la comprenant aurait été reçu devant notaire.

Les communications relatives à la Société doivent être adressées au Secrétariat, 54, rue de Seine, Paris.

LISTE DES PRÉSIDENTS

Des Secrétaires généraux et des Secrétaires
de la Société depuis sa fondation

Présidents

1856-1858 — MM. † Villermé.
1858-1859 — † le baron Ch. Dupin.
1859-1860 — † J.-B. Dumas.
1860-1862 — † Aug. Cochin.
1862-1863 — † le général Favé.
1863-1864 — † le vicomte de Melun.
1865 — † le comte L. de Kergolay.
1866 — † A. de Saint-Léger.
1867 — † Wolowski.
1868 — † Aug. Cochin.
1869 — † A. Batbie.
1870 — Ch. Robert.
1871-1872 — † Léon Cornudet.
1872-1873 — † le comte L. de Kergolay.
1873-1874 — † J.-B. Dumas.
1874-1875 — † Michel Chevalier.
1875-1876 — † Ad. Focillon.
1876-1877 — † Blaise (des Vosges).
1878 — E. Cheysson.
1879 — † M. Gaussen.
1880 — A. Delaire.
1881 — † Ad. Focillon.
1882 — † Moréno-Henriquez.
1882-1883 — † Ad. Focillon.
1884 — E. Cheysson.
1885 — J. Lacointa.
1886 — Jules Michel.
1887 — † Claudio Jannet.
1888 — Clément Juglar.
1889 — Albert Le Play.

1890	— MM.	E. Cheysson.
1891	—	G. Picot.
1892	—	† A. Gibon.
1893	—	Ch. Welche.
1894	—	A. Gigot.
1895	—	Jules Michel.
1896	—	R. Stourm.

Présidents des réunions annuelles

1882	— MM.	† Ad. Focillon.
1883	—	E. Vacherot.
1884	—	† E. de Parieu.
1885	—	† F. de Lesseps.
1886	—	† Paul Pont.
1887	—	G. Picot.
1888	—	Paul Leroy-Beaulieu.
1889	—	† S. E. le cardinal Lavigerie.
1890	—	Noblemaire.
1891	—	† Siméon Luce.
1892	—	Anatole Leroy-Beaulieu.
1893	—	E. Glasson.
1894	—	E. Aynard.
1895	—	A. Beernaert.
1896	—	Denys Cochin.

Secrétaires généraux

1856-1882	— MM.	† F. Le Play.
1883-1884	—	Albert Le Play.
1884	—	A. Delaire.

Secrétaires

1856	— MM.	Ad. Focillon.
1862	—	Léon Donnat.
1865	—	Léon Donnat et Alexis Chevalier.
1871	—	Aug. Delaporte.
1882	—	Urbain Guérin.
1883	—	G. Ardant.
1888	—	G. Ardant et J.-A. des Rotours.
1892	—	J.-A. des Rotours et Paul Dubost.
1895	—	J.-A. des Rotours, P. Dubost et P. Bidoire.
1896	—	J.-A. des Rotours, P. Bidoire et Jarriand.

CONSEIL D'ADMINISTRATION

DE LA SOCIÉTÉ D'ÉCONOMIE SOCIALE

POUR L'ANNÉE 1896

Membres honoraires du Conseil :

MM. Antoine D'ABBADIE, de l'Académie des sciences.
Le baron F. D'ARTIGUES.
Charles de RIBBE, président de l'Académie d'Aix.

BUREAU

MM.

STOURM (René), ✳, ancien inspecteur des finances, professeur à l'École libre des sciences politiques, *Président.*

DAVID (Gaston).

HUBERT-VALLEROUX (P.), avocat à la Cour d'appel.

AUBURTIN (F.), ✳, maître des requêtes au Conseil d'État.

GLASSON (E.), O. ✳, de l'Institut, professeur à la Faculté de Droit de Paris.

} *Vice-Présidents.*

DELAIRE (Alexis), *Secrétaire général.*

CHOTARD (Maurice), auditeur à la Cour des Comptes, *Trésorier.*

ROTOURS (Jules Angot des),
BIDOIRE (Pierre),
JARRIAND (Émile),

} *Secrétaires.*

CONSEIL

Les membres du Bureau et

MM.

BÉCHAUX (A.), professeur d'économie politique à la Faculté libre de droit de Lille, lauréat de l'Institut.

BLONDEL (Georges), professeur agrégé des Facultés de droit.

BRANTS (V.), professeur d'économie politique à l'Université de Louvain.

CHEYSSON (E.), O. ✻, inspecteur général des Ponts et Chaussées, professeur d'économie politique à l'École supérieure des Mines et à l'École des sciences politiques.

CILLEULS (Alfred des), ancien chef de division à la Préfecture de la Seine.

ETCHEVERRY, ancien député.

FAY (Henri), notaire.

FERRAND (J.), O. ✻, correspondant de l'Institut, ancien préfet.

GIGOT (Albert), O. ✻, ancien préfet de police.

GOFFINON (E.), ✻, industriel.

GRUNER (E.), ✻, secrétaire général du Comité des Houillères de France.

GUÉRIN (Urbain).

JUGLAR (Clément), ✻, de l'Institut, professeur honoraire à l'École des sciences politiques.

LACOINTA (Jules), ✻, ancien avocat général à la Cour de Cassation.

LEFÉBURE (Léon), ✻, ancien député.

LE PLAY (Albert), sénateur.

LEROY-BEAULIEU (Anatole), de l'Institut, professeur à l'École des sciences politiques.

MICHEL (Jules), ✻, ancien ingénieur en chef de la Compagnie P.-L.-M.

PICOT (Georges), ✻, secrétaire perpétuel de l'Académie des sciences morales et politiques.

ROSTAND (E.), ✻, avocat, président du Conseil des directeurs de la Caisse d'épargne des Bouches-du-Rhône.

WELCHE, O. ✻, ancien ministre.

Comité de Défense et de Progrès Social

MM.

LEROY-BEAULIEU (Anatole), de l'Institut, *président du Comité.*

BEAUNE (H.), ancien procureur général près la Cour de Lyon, président d'honneur des Unions de la paix sociale du Sud-Est.

DAVID (GASTON), avocat, président d'honneur des Unions de la paix sociale du Sud-Ouest.

GIGOT (ALBERT), ancien président de la Société d'Économie sociale.

GLASSON (E.), de l'Institut, professeur à la Faculté de Droit de Paris.

PICOT (GEORGES), secrétaire perpétuel de l'Académie des sciences morales et politiques, président d'honneur des Unions de la paix sociale du Nord.

ROCHARD (Dr), membre de l'Académie de médecine, inspecteur général des services de santé de la marine, en retraite.

ROSTAND (EUGÈNE), président de la Caisse d'épargne des Bouches-du-Rhône.

SAUTTER (LOUIS), membre du Conseil de l'Union chrétienne de jeunes gens de Paris.

DELAIRE (A.), secrétaire général de la Société d'économie sociale, *secrétaire du Comité*.

Études Pratiques d'Économie Sociale

Sous la présidence de M. GLASSON, de l'Institut, professeur à la Faculté de Droit de Paris.

I. *Questions juridiques.* — M. GLASSON, *président.* — M. L. DUVAL-ARNOULD, *assesseur*.

II. *Questions économiques.* — MM. CHEYSSON et HUBERT-VALLEROUX.

III. *Monographies de familles ou d'ateliers.* — MM. URBAIN GUÉRIN et PIERRE DU MAROUSSEM.

IV. *Statistiques et enquêtes.* — M. ARTHUR FONTAINE, *président.* — M. CH. BARRAT, *assesseur*.

LISTE GÉNÉRALE

DES

MEMBRES DE LA SOCIÉTÉ D'ÉCONOMIE SOCIALE

Au 1er octobre 1896[1].

Membres honoraires[2].

1865 — BESSAND et Cie, manufacturiers, rue du Pont-Neuf, 2.

1881 — BONAPARTE (le prince ROLAND), avenue d'Iéna, 10.

1864 — CHRISTOFLE (PAUL), manufacturier, rue de Bondy, 56.

1873 — DELAIRE (ALEXIS), ancien élève de l'École polytechnique, *Secrétaire général de la Société*, boulevard Saint-Germain, 238.

1882 — LE PLAY (ALBERT), sénateur, membre de la Société nationale d'agriculture, docteur en médecine, rue du Bac, 40, et château de Ligoure, par Solignac (Haute-Vienne.)

1893 — HEINE (Mme CH.), rue de Monceau, 28.

---

1. MM. les Membres de la Société sont priés de vouloir bien adresser au secrétariat, rue de Seine, 54, à Paris, les rectifications qu'il serait utile d'apporter dans l'orthographe de leurs noms ou dans l'indication des qualités et adresses. — La date d'entrée dans la Société est en regard de chaque nom.

2. La souscription annuelle des *membres honoraires* est de 100 fr. au minimum.

Membres titulaires[1].

1830 — * ABBADIE (Antoine d'), membre de l'Institut (Académie des sciences), rue du Bac, 120, et à Hendaye (Basses-Pyrénées).

1880 — AFANASSIEV (Georges), administrateur de la Banque d'État, à Kiev (Russie).

1895 — AINE, négociant, faubourg Saint-Honoré, 27.

1891 — ALBERT (Georges), docteur en droit, avocat à la Cour d'appel, rue de Proust, à Angers (Maine-et-Loire).

1889 — ALIX (Gabriel), professeur à l'Institut catholique et à l'École libre des sciences politiques, rue de Tournon, 14.

1892 — ALIX d'YÉNIS (le chanoine), curé de Villeneuve-Saint-Georges (Seine-et-Oise).

1885 — ALLANTAZ (Léon), inspecteur de l'exploitation au chemin de fer du Nord, rue Nationale, 152, Lille (Nord).

1890 — ALLARD (Paul), rue Corderie, 12, à Rouen (Seine-Inférieure).

1869 — ANCEL (Raoul), rue Bassano, 19 et rue François Ier, 33, au Havre (Seine-Inférieure).

1895 — ANETHAN (le baron d'), envoyé extraordinaire et ministre plénipotentiaire de S. M. le roi des Belges, rue du Colisée, 38.

1889 — ANETHAN (le baron Jules d'), rue Joseph II, 95, à Bruxelles (Belgique).

---

1. La souscription annuelle des *membres titulaires* est de 25 francs. Elle leur donne droit à recevoir la Revue bimensuelle La Réforme sociale et les fascicules trimestriels des Ouvriers des Deux Mondes.

Elle peut être rachetée par le versement une fois fait d'une somme de 300 francs. Les membres titulaires qui ont effectué ainsi le versement de la cotisation à vie, sont désignés par une astérisque (*).

1882. — ARDANT (GABRIEL), chef du secrétariat et fondé de pouvoirs de la Société de la Vieille-Montagne, *Secrétaire honoraire de la Société*, rue Bonaparte, 18.

1868 — ARMAND (le comte), ancien ministre plénipotentiaire, ancien député, rue Franklin, 20.

1891 — ARMINJON (PIERRE), professeur à l'École khédiviale de droit, au Caire (Égypte).

1894 — ARNOULD-BALTARD (Mme EDMOND), rue de Rennes, 104.

1882 — * ARTIGUES (le baron F. D'), avenue Duquesne, 24, et château du Bec du Gave, par Peyrehorade (Landes).

1888 — * ARTIGUES (Madame la baronne D'), château du Bec du Gave, par Peyrehorade (Landes).

1893 — ASSIRELLI (PIERRE), attaché au Conseil d'État, à Rome (Italie).

1885 — AUBURTIN (F.), maître des requêtes au Conseil d'État, rue du Mont-Thabor, 6.

1890 — AUDÉOUD (TH.), président du Conseil d'administration de la Société de la Vieille-Montagne, rue d'Athènes, 6.

1891 — AURÉLIAN, ancien ministre à Bucharest (Roumanie).

1356 — AVALLE, rue de Rennes, 111.

1888 — AYNARD (ED.), député, banquier, président de la Chambre de commerce et ancien président de la Société d'Économie politique de Lyon, avenue Van Dyck, 4, et place de la Charité, 11, Lyon (Rhône).

1886 — BABEAU (ALBERT), correspondant de l'Institut (Académie des sciences morales et politiques), boulevard Haussmann, 133, et à Troyes (Aube).

1891 — BABIN (JULES), cours Lieutaud, 174, Marseille (Bouches-du-Rhône).

1885 — BALAS (GUSTAVE), ingénieur des Arts et Manufactures, boulevard Magenta, 76.

1887 — BARBOTIN (FRANÇOIS), ancien député, rue de

Sèvres, 85, et à Penhoët, par Maure de Bre-
tagne (Ille-et-Vilaine).

1893 — BARRAT (Ch.), avocat à la Cour d'appel, rue
du Sommerard, 11.

1892 — BASSEREAU (Léon), avocat à la Cour d'appel,
rue de Rennes, 151 bis.

1893 — BASSIBEY (l'abbé René), vicaire de Saint-
Michel, quai de la Monnaie, à Bordeaux
(Gironde).

1889 — BATIE (J. de la), avocat, ancien député de la
Haute-Loire, au Puy (Haute-Loire).

1889 — BAUGAS (Paul), docteur en droit, professeur
d'économie politique à la Faculté libre de
droit, avenue Jeanne-d'Arc, 58, à Angers
(Maine-et-Loire).

1892 — BAUQUEL (Auguste), directeur de la manufacture des glaces de Cirey-s-Vezouze
(Meurthe-et-Moselle).

1895 — BAVIÈRE (Augustin), boulevard Montparnasse, 89.

1888 — BEAUBIEN (l'honorable Louis), ancien président de l'Assemblée législative, ministre de
l'agriculture de la Province de Québec, rue
Saint-Jacques, 30, à Montréal (Canada).

1884 — BEAUMONT (H. de), rue du Cirque, 18.

1889 — BEAUVAIS (de), auditeur à la Cour des
comptes, rue de Lille, 57.

1884 — BÉCHAMP (Donat), avoué, docteur en droit,
place du Marché, à Provins (Seine-et-Marne).

1884 — BÉCHAUX (A.), avocat, professeur d'économie
politique à la Faculté libre de droit, lauréat
de l'Institut, place Richebé, 4, Lille (Nord).

1886 — BEDEL (l'abbé René), directeur au Grand
Séminaire, Aix-en-Provence (Bouches-du-
Rhône).

1895 — BEERNAERT (A.), ministre d'État, président
de la Chambre des représentants, à Bruxelles
(Belgique).

1889 — BÉGUÉ (l'abbé), aumônier de la Visitation, boulevard Montparnasse, 114.

1883 — BELLEVILLE (DE), boulevard de la Tour-Maubourg, 43, et château de Terlan, par Dun-le-Roi (Cher).

1874 — BELLIDENT, à Vic-le-Comte (Puy-de-Dôme).

1890 — BELLOM (MAURICE), ingénieur au corps des mines, place Malesherbes, 24.

1889 — BENOIST (ALBERT), manufacturier, rue Thiers, 30, Reims (Marne).

1892 — BERINDEY (JEAN-A.), chez le Général inspecteur du génie, Strada-Roumana, 10, Bucharest (Roumanie).

1893 — BERNAT (D. E.), Ulloï ut. 25, Koztelek, Budapest (Autriche-Hongrie).

1894 — BERNARD (CONSTANT), architecte, avenue Carnot, 28.

1881 — *BERNON (le baron JUST DE), docteur en droit, rue des Saints-Pères, 3, et au château de Saint-Sorlin (Drôme).

1888 — * BERNOVILLE (IGNACE), château du Bec du Gave, par Peyrehorade (Landes).

1886 — BERTHEAULT (W.), ingénieur, avenue de Villars, 10, et à Gournay, par Montataire (Oise).

1871 — BERTRAND (ERNEST), rue de Rome, 29.

1893 — BIBAS (ÉDOUARD), sous-directeur de la Société anonyme des papeteries du Marais et de Sainte-Marie, au Marais (Seine-et-Marne).

1889 — BIBLIOTHÈQUE de la Faculté de droit de Paris, place du Panthéon.

1892 — BIBLIOTHÈQUE universitaire d'Alger, rue Michelet, Alger (Algérie).

1894 — BIBLIOTHÈQUE universitaire (section de droit), place du Petit-Collège, à Lyon (Rhône).

1894 — BIBLIOTHÈQUE de la Chambre des députés, au Palais-Bourbon.

1891 — BIBLIOTHÈQUE des Charbonnages de Marie-mont, à Mariemont (Belgique.)

1888 — BIBLIOTHÈQUE des Usines du Creusot, Schneider et Cⁱᵉ (Saône-et-Loire).

1891 — BIDOIRE (PIERRE), *secrétaire de la Société*, rue de Courcelles, 38.

1858 — BIGOT, directeur des douanes en retraite, place du Vœu, 2, Nice (Alpes-Maritimes).

1889 — BILLY (G. DE), capitaine d'artillerie, rue G. Prousteau, 10, à Orléans (Loiret).

1887 — BIVER (ALFRED), directeur général des glace-ries de Saint-Gobain, rue d'Assas, 24.

1884 — BIVER (HECTOR), administrateur de la Cⁱᵉ des Glaces de Saint-Gobain, rue Meissonnier, 8.

1891 — BLACHE (le Dʳ), rue de Surène, 5.

1892 — BLANCHEMAIN (PAUL), secrétaire de la Société des agriculteurs de France, rue Souf-flot, 18, et à Castel-Biray, par Saint-Gaultier (Indre).

1894 — BLONDEL (GEORGES), professeur à la Faculté de droit, à Paris, rue des Saints-Pères, 8.

1893 — BLONDEL (LOUIS), malteur à Arras (Pas-de-Calais).

1887 — BODIO (le commandeur), directeur général de la statistique du royaume d'Italie, à Rome (Italie).

1888 — BOGISIC, conseiller d'État de S. M. le Tsar, ancien professeur à l'Université d'Odessa, rue des Saints-Pères, 71.

1894 — BOISGELIN (Mᵐᵉ la Cᵗᵉˢˢᵉ DE), rue de l'Uni-versité, 146.

1896 — BOISSARD (ADÉODAT), avocat, rue Roux-Alphérand, 17, à Aix (Bouches-du-Rhône).

1890 — BOISSET (DE), ingénieur à Montceau-les-Mines (Saône-et-Loire).

1894 — BOLLE, directeur de la « Fourmi », rue du Louvre, 23.

1895 — BOLLY (l'abbé HENRY), curé à Esneux, province de Liège (Belgique).

1883 — BOMMART (ANDRÉ), boulevard Saint-Germain, 216.

1885 — * BOMPARD (OCTAVE), ancien élève de l'École polytechnique, rue d'Assas, 28.

1891 — BONAND (DE), château de Montaret, par Souvigny (Allier).

1884 — BONDY (le comte DE), rue des Mathurins, 51.

1888 — BONNAIRE (HENRI), capitaine de vaisseau, avenue du Polygone, à Lorient (Morbihan).

1895 — BONNEVILLE (PAUL), ingénieur des arts et manufactures, boulevard Magenta, 50.

1887 — BORDAS (HIPPOLYTE DE), à Buadelle, par Trèbes (Aude).

1895 — * BORDET (E.), rue du Luxembourg, 18.

1891 — * BORGHÈSE (prince GIOVANI), rue Washington, 1, et palais Borghèse, à Rome (Italie).

1889 — BOSSUT (HENRI), ancien président du Tribunal de commerce, président de la Société de géographie, à Roubaix (Nord).

1891 — BOSSY (ALBERT), docteur en droit, boulevard Haussmann, 23.

1882 — BOUCHACOURT, maître de forges à Fourchambault (Nièvre).

1893 — BOUCHARD (ANTONIN), président honoraire du tribunal de commerce de Beaune (Côte-d'Or).

1892 — BOUCHARD (JULIEN), négociant en vins, rue Huguerie, 52, Bordeaux (Gironde), et au château de Maizières, par Saint-Loup-de-la-Salle (Saône-et-Loire).

1886 — BOUCHER D'ARGIS, conseiller général de la Loire-Inférieure, boulevard Haussmann, 135, et à Carquefou (Loire-Inférieure).

1892 — BOULENGER (P.), industriel à Choisy-le-Roi (Seine).

1886 — BOULLÉ (A), avocat à Saint-Brieuc (Côtes-du-Nord).

1887 — BOURDIN (Mme veuve), boulevard Saint-Germain, 64.

1889 — BOURDONNAYE (Vte DE LA), député, rue du Cirque, 11 *bis*, et château de Mesangeau, par Champtoceau (Maine-et-Loire).

1896 — BOURGET (PAUL), de l'Académie française, rue Barbet-de-Jouy, 20.

1892 — BOUSIES (Cte DE), vice-président d'honneur de la Société belge d'économie sociale, château d'Harvengt, par Harmignies, Hainaut (Belgique).

1865 — BOUTMY (E.), membre de l'Institut (Académie des sciences morales et politiques), directeur de l'École libre des sciences politiques, rue Saint-Guillaume, 27.

1883 — BOUVARD (PAUL), ingénieur, rue des Saussaies, 1, Paris.

1888 — BOUYGUES (JOSEPH), conservateur des hypothèques, rue de la République, à Perpignan (Pyrénées-Orientales).

1894 — BOYENVAL (A.), ancien sous-préfet, boulevard Beaumarchais, 88.

1892 — BRANDTS, conseiller provincial, Kronprinzenstrasse, 39, Dusseldorff (Allemagne).

1887 — BRANTS (VICTOR), professeur à l'Université catholique de Louvain, secrétaire perpétuel de la Société belge d'économie sociale, Marché aux grains, 9, à Louvain (Belgique).

1883 — BRELAY (ERNEST), ancien membre du Conseil général de la Seine, rue d'Offémont, 35.

1885 — BREUIL (JOSEPH-PATRIS DE), docteur en droit, rue de Rueil, 18, à Suresnes (Seine).

1894 — BRICE (JULES), député, rue Crébillon, 8, et à Montauville (Meurthe-et-Moselle).

1885 — BRUGNON, avocat à la Cour d'appel, ancien magistrat, boulevard Malesherbes, 76.

1893 — BRUN (Lucien), sénateur, rue de Vaugirard, 31, et quai de l'Archevêché, 26, Lyon (Rhône).

1886 — BUFFAULT (Edme), inspecteur des forêts, faubourg Sainte-Catherine, à Moulins (Allier).

1892 — BUQUET (Paul), administrateur de la Société des Salines de l'Est, directeur de l'École centrale, rue Montgolfier, 1.

1893 — CAIGNART de MAILLY (P.), avenue Parmentier, 8.

1880 — CALOEN (le baron Ernest Van), château de Lophem, par Bruges (Belgique).

1894 — CARROLL D. WRIGHT (Hon.), commissaire du dép. du travail, Washington, D. C. (États-Unis).

1896 — CASAMURAL (Carlos), fiscal de la Cour d'appel, à Santiago (Chili).

1894 — CASTELOT, ancien consul de Belgique, correspondant de la « British Economic Association », place Saint-François-Xavier, 3.

1893 — CAUMONT (Léon de), avocat, rue Montrozier, 1, à Neuilly (Seine).

1859 — CAVARÉ, ingénieur, rue Cambacérès, 24.

1886 — CAZAJEUX (Jules), secrétaire de rédaction de la Réforme sociale, rue Littré, 5, et à Saint-Médard-d'Eyrans, par la Brède (Gironde).

1890 — CAZANOUE (l'abbé), curé de Saint-Sardos, par Laffitte (Haute-Garonne).

1891 — CAZENEUVE (A.), château d'Esquiré, par Fonsorbes (Haute-Garonne), et rue Bonte-Pollet, 3, à Lille (Nord).

1886 — CELIER (Alexandre), avocat, avenue de Paris, 31, Le Mans (Sarthe).

1888 — CHAILLEY (J.), rédacteur du Journal des Débats et de l'Économiste français, avenue Carnot, 12.

1892 — CHAMBERET (de), inspecteur général de la Cie d'assurances « La Mutuelle-Vie », rue des Capucines, 20.

1892 — * CHAMBRUN (le Cte DE), rue de Monsieur, 12.

1896 — CHAMBURE (MAURICE DE), ingénieur aux
mines de Lens, Hôtel Bellevue, à Haisnes,
par la Bassée (Nord).

1894 — * CHANDON DE BRIAILLES (J.-R.), à Épernay
(Marne).

1894 — * CHANDON DE BRIAILLES (le Vte RAOUL DE),
membre de la Chambre de commerce, à
Épernay (Marne).

1894 — CHARDIGNY (L.), Dr en droit, avocat, quai de
Tilsitt, 25, Lyon (Rhône).

1890 — CHARMETANT (C.), fabricant de soieries, place
de l'ancienne douane, 4, Lyon (Rhône).

1889 — CHARVÉRIAT (PAUL), ingénieur, rue Victor-
Hugo, 8, à Lyon (Rhône).

1883 — CHASSIGNET, ancien élève de l'École polytechnique, membre de l'Académie Stanislas,
rue Boudonville, 18, à Nancy (Meurthe-et-
Moselle).

1884 — CHAUFTON, avocat au Conseil d'Etat, lauréat
de l'Institut, rue Godot-de-Mauroy, 20.

1886 — CHAUSSINAND (le Dr), place des Carmes, à
Dôle (Jura).

1865 — * CHEYSSON, inspecteur général des Ponts et
Chaussées, membre de la Société nationale
d'agriculture, professeur à l'École nationale
des mines et à l'École libre des sciences
politiques, rue de la Tour, 150, et à Chi-
roubles (Rhône), par Romanèche (Saône-et-
Loire).

1887 — CHOPART (le docteur EMMANUEL), rue de
Nîmes, à Vichy (Allier).

1888 — CHOTARD (MAURICE), avocat, docteur en droit,
auditeur à la Cour des comptes, *Trésorier de
la Société*, rue du Dragon, 10.

1891 — CILLEULS (DES), ancien chef de division à la
préfecture de la Seine, membre du Comité

des travaux historiques et scientifiques, rue Claude-Bernard, 84.

1895 — CLAUDIO-JANNET (Pierre), rue Oudinot, 22, et à Saint-Clair, près La Tour-du-Pin (Isère).

1885 — CLAVÉ, ancien manufacturier, rue d'Athènes, 5.

1886 — CLOUZARD, à Saint-Clément, par Sens (Yonne).

1887 — COETLOSQUET (le comte Maurice du), à Liverdun (Meurthe-et-Moselle), et à Ramber-villiers (Vosges).

1893 — COHEN (Édouard), rue de la Terrasse, 10.

1888 — COLLIGNON (Auguste), avenue Marceau, 27, et à Arras (Pas-de-Calais).

1872 — COMMAILLES (le baron de), boulevard Hauss-mann, 145.

1895 — COMPAGNIE des Mines de Blanzy à Montceau-les-Mines (Saône-et-Loire).

1884 — CORNE (Paul), vice-président de la Société d'agriculture de l'Allier, à Iseure, près Mou-lins (Allier).

1889 — COSSÉ-BRISSAC (le comte Pierre de), rue Dumont-d'Urville, 39.

1894 — COSSON (Émile), avocat à la Cour d'appel, boulevard Saint-Michel, 81.

1896 — COSTE, directeur des aciéries de la marine, à Rive-de-Gier (Loire).

1886 — COSTE (A.), publiciste, lauréat de l'Institut, rue Blanche, cité Gaillard, 4.

1890 — COURCY (Jean le), rue de Vaneau, 11.

1891 — COURTIN (André), rue de Ponthieu, 36, et château du Chêne, par Salbris (Loir-et-Cher).

1891 — COUSCHER de CHAMPFLEURY, ancien ma-gistrat, rue Saint-Joseph, à Angers (Maine-et-Loire).

1886 — CRAPON (DENIS), rue des Fargis, 2, à Lyon (Rhône).

1889 — CREVOISIER (le Dr), à Porrentruy (Suisse).

1886 — CROISIER (l'abbé), rue Saint-Paul, 27, à Saint-Étienne (Loire).

1894 — CRUVEILHIER (JEAN), docteur en droit, avocat à la Cour d'appel, avenue du Trocadéro, 34.

1888 — CUÉNOT (HENRY), ancien élève de l'École polytechnique, avocat à la Cour d'appel, rue Vauquelin, 13.

1886 — DARAS, ancien officier de marine, rue d'Iéna, à Angoulême (Charente).

1896 — DAVID (GASTON), avocat, rue du Monthabor, 15, et aux Biards, par Saint-Yrieix (Haute-Vienne).

1889 — DAVIN (le Dr G.), château de l'Observance, par Pignans (Var).

1859 — DECAGNY, avocat, docteur en droit, rue de Rivoli, 158.

1885 — DECAUVILLE (PAUL), sénateur, industriel à Petit-Bourg (Seine-et-Oise).

1887 — DEJACE, professeur d'économie politique à l'Université, avenue d'Avroy, 75, à Liège (Belgique).

1886 — DEJEAN (le comte), rue Chomel, 6.

1888 — DEJEAN DE LA BATIE, avocat défenseur, à Cantho (Cochinchine française).

1893 — DELAIRE (EDMOND), architecte-inspecteur, à Pnom-Penh (Cambodge).

1886 — DELAISSEMENT, inspecteur divisionnaire du travail des enfants dans l'industrie, place de la République, 1, à Dijon (Côte-d'Or).

1892 — DELAMARRE (le Cte MAURICE), avocat à la Cour d'appel, boulevard Haussmann, 110.

1856 — DELBET (le Dr E.), député, rue des Beaux-Arts, 2, et à la Ferté-Gaucher (Seine-et-Marne).

1893 — DELHAYE, à Vieil-Montier, par Desvres (Pas-de-Calais).

1868 — * DELOR (ADRIEN), maire du Vigen, par Solignac, et boulevard de la Promenade, à Limoges (Haute-Vienne).

1893 — DELVAUX (HENRY), secrétaire de l'Union des Patrons, place Saint-Pierre, 17, à Liège (Belgique).

1889 — DESNOYERS (RENÉ), maître des requêtes au Conseil d'État, quai Voltaire, 25.

1894 — DEUTSCH (ÉMILE), industriel, avenue d'Iéna, 54.

1894 — DEVIMEUX (l'abbé), vicaire à la cathédrale de Noyon (Oise).

1889 — DIAMANTI (OCTAVE), rue Ballu, 3.

1892 — DIAZ DE RABAGO, directeur de la succursale de la Banque d'Espagne, à Santiago, Galice (Espagne).

1891 — DIRECTION de la Statistique Générale du Royaume, 5, str. Biserica amzii, à Bucharest (Roumanie).

1885 — DOUMET-ADANSON, président de la Société d'horticulture de l'Allier, château de Baleine, par Villeneuve (Allier).

1889 — DRIVE (l'abbé), curé doyen de Bénévent-l'Abbaye (Creuse).

1891 — DROULERS (CHARLES), avocat à la Cour d'appel, rédacteur en chef de la *France Noire*, rue de Commaille, 6.

1892 — DUBOIS (ERNEST), docteur en droit, professeur à l'Université, place Van Artevelde, à Gand (Belgique).

1891 — DUBOST (PAUL), docteur en droit, rue Delaborde, 10, et à la Commanderie, par Varetz (Corrèze).

1896 — DUCHEMIN (GEORGES), rue Bleue, 27.

1896 — DUCROCQ (GEORGES), avocat à la Cour d'appel, avenue de l'Observatoire, 13.

1891 — DUFOURMANTEL (Maurice), avocat, docteur en droit, rue Cambacérès, 3.

1874 — DUFRESNE (Robert), manoir de Calmont, près Dieppe (Seine-Inférieure).

1888 — DUJARDIN-BEAUMETZ (Fr.), secrétaire général des mines de Carmaux, rue de la Pompe, 85.

1886 — DULONG (Édouard), docteur en droit, à Autun (Saône-et-Loire).

1891 — DUMOND (Jules), président du Comité général des Sociétés de secours mutuels et de retraites, vice-président de la Société d'économie politique de Lyon, rue Gentil, 14, à Lyon (Rhône).

1891 — DUPONT (Alfred-Désiré), ancien élève et lauréat du Muséum, chimiste-industriel, usine de Teunebrune, par Charleval (Eure).

1895 — * DUPUIS (Ch.), secrétaire général et maître de conférences à l'École des sciences politiques, rue Saint-Guillaume, 27.

1893 — DURIEZ (G.), filateur à Seclin (Nord).

1891 — DUROUCHOUX (Paul), rue du Bac, 94.

1889 — DUTHOIT (Eugène), à Croix, près Lille (Nord).

1889 — DUVAL-ARNOULD (Louis), docteur en droit, avocat à la Cour d'appel, rue de Rennes, 95.

1895 — DUVERGIER de HAURANNE, conseiller général du Cher, rue Gounod, 3, et à Herry (Cher.)

1892 — DUVILLARD (Paul), ancien directeur des usines du Creusot, à Bruailles, par Louhans (Saône-et-Loire).

1905 — ECHEVERRIA (Francisco de), Compania IIIA, Santiago (Chili).

1889 — EICHTHAL (Eugène d'), publiciste, boulevard Malesherbes, 144.

1896 — ERRAZURIZ-URMENETA (R.), député à Santiago (Chili).

1881 — ESCARD (F.), rue de la Tour, 49.

1893 — ESSARS (DES), sous-chef du bureau des études économiques à la Banque de France, rue d'Édimbourg, 14.

1885 — ESTAINTOT (le comte D'), rue de la Seille, 12, Rouen (Seine-Inférieure).

1892 — ESTAINTOT le (Vte D'), château de Montpinçon, par Auffay (Seine-Inférieure).

1086 — ETCHEVERRY (LOUIS), ancien député, rue de Miromesnil, 16, et château de Salha, par Saint-Jean-Pied-Port (Basses-Pyrénées).

1893 — EUVERTE, ancien directeur technique des usines de Terrenoire, rue de Seine, 6.

1886 — EVERLANGE (HENRI D'), avoué à la Cour d'appel, rue Jeanne-d'Arc, 14, à Nimes (Gard).

1892 — EVRARD (AMÉDÉE), directeur de la manufacture de produits chimiques de la Cie de Saint-Gobain, à Chauny (Aisne).

1887 — FABRE (l'honorable HECTOR), commissaire général du gouvernement canadien, rue de Rome, 10.

1891 — FAUGÈRE (E.), ingénieur civil, rue Vital-Carle, 44, Bordeaux (Gironde).

1894 — FAY (HENRI), notaire, rue Saint-Florentin, 11.

1882 — FAYOLLE (GASTON), avocat à Montluçon (Allier).

1894 — FÉOLDE (GUSTAVE), docteur en droit, ingénieur des arts et manufactures, avocat à la Cour d'appel, rue Jacques-Cœur, 11.

1891 — FERRAND (JOSEPH), correspondant de l'Institut (Académie des sciences morales et politiques), rue de la République, 14, Amiens (Somme).

1886 — FÈVRE (L.), ingénieur au corps des mines, rue de la Préfecture, 12, à Arras (Pas-de-Calais).

1884 — FIRMIN-DIDOT (MAURICE), éditeur, boulevard Saint-Germain, 272, et rue Jacob, 56.

1887 — FLÉCHET (l'abbé), rue du Juge-de-Paix, 21, à
Fourvières, Lyon (Rhône).

1891 — FLEURENT (J.-B.), membre de la délégation
d'Alsace-Lorraine, maire de Colmar (Alsace).

1883 — FLICOTEAUX, entrepreneur, rue de Grenelle,
59.

1886 — FLOUR (Edouard), rue de Tivoli, 60, à Bou-
logne-sur-Mer (Pas-de-Calais).

1886 — FOACHE (l'abbé), chapelain de la Miséricorde,
passage des Orphelins, 3, le Havre (Seine-
Inférieure).

1893 — FOCQUÉ, ingénieur au corps des Mines,
place Saint-Sulpice, 2, Paris.

1888 — FONSSAGRIVES (l'abbé), aumônier du Cercle
des étudiants catholiques, rue du Luxembourg, 18.

1890 — FONTAINE (Arthur), ingénieur au corps des
mines, sous-directeur de l'Office du travail
au Ministère du Commerce, rue des Mathurins, 64.

1890 — FONTAINE (Louis), actuaire, chef de bureau
à la Caisse des dépôts et consignations,
ancien élève de l'École polytechnique, rue de
la Pompe, 10.

1890 — FORTIN (Frédéric), avenue Gourgaud, 5.

1896 — FOUCHÉ (Raoul), rue de Berne, 9, et rampe
de la Tranchée, à Saint-Symphorien (Indre-
et-Loire).

1876 — FOUGEROUSSE (A.), directeur des *Coopéra-
teurs et Mutualistes français*, rue Stanislas,
5.

1873 — FOUQUET, ingénieur, directeur des usines de
la Société de construction des Batignolles,
avenue Gourgaud, 16.

1889 — FOURNIER (Marcel), ancien professeur à la
iculté de droit de Caen, rue Nitot, 11.

1896 — FOURNIER (Félix), boulevard de Longchamp,
44, Marseille (Bouches-du-Rhône).

1894 — FOURNIER DE FLAIX, rue Brancas, 45, à Sèvres (Seine-et-Oise).

1896 — FOURTIER (l'abbé), curé de la Machine (Nièvre).

1886 — FRANCHET (CHARLES), architecte, quai Saint-Clair, 11, Lyon (Rhône).

1889 — FRANÇON (l'abbé), curé de Saint-Étienne, Roanne (Loire).

1886 — FRANCOTTE (HENRI), conseiller provincial, professeur à l'Université, rue Lebeau, 2, à Liége (Belgique).

1863 — FRANQUEVILLE (le comte DE), membre de l'Institut (Académie des sciences morales et politiques), château de la Muette, Paris-Passy.

1896 — FRANS (CHARLES), à Henin-Liétard (Pas-de-Calais).

1893 — FREDERIKSEN, rue de l'Université, 9.

1877 — FROISSARD (le comte DE), boulevard Haussmann, 159, et château d'Azans, par Dôle (Jura).

1891 — FUNCK-BRENTANO (FRANTZ), bibliothécaire à l'Arsenal, et rue des Moulins, à Montfermeil (Seine-et-Oise).

1893 — FUSTER (EDOUARD), passage de la Visitation, 4.

1889 — GAIGNAISON (ANDRÉ), auditeur à la Cour des Comptes, boulevard Haussmann, 160.

1892 — GAILLARD (RAOUL), chemin des Galoubies, à Chamalières, par Clermont-Ferrand (Puy-de-Dôme).

1894 — GANAY (le marquis DE), rue François Ier, 5.

1891 — GARGAN (le baron DE), à Luxembourg (Grand-Duché de Luxembourg).

1881 — GARIDEL (J. DE), président de la Société d'agriculture de l'Allier, château de Beaumont, par Saint-Menoux (Allier).

1886 — GASTEBOIS (L. DE), ancien élève de l'École polytechnique, rue de Moustier, 56, à Montauban (Tarn-et-Garonne).

1865 — GASTINE-RENETTE (JULES), avenue d'Antin, 39.

1800 — GEDDES (PATRICK), Ramsay Garden, University Hall, Édimbourg (Écosse).

1886 — GEIGY (ALFRED), fossés Saint-Léonard, 48, Bâle (Suisse).

1894 — GEOFFROY (ANDRÉ), docteur en droit, avocat à la Cour de Paris, rue Bonaparte, 47.

1875 — GEORGI (CH.), ingénieur, rue Cimarosa, 8.

1859 — GERMAIN (HENRY), ancien député, membre de l'Institut (Académie des sciences morales et politiques), président du conseil d'administration du Crédit Lyonnais, rue du Faubourg Saint-Honoré, 89.

1891 — GIACOBONE (AMBROGIO), avocat à Varzi, province de Pavie (Italie).

1882 — GIBON (FÉNELON), secrétaire-adjoint de la Société Générale d'éducation, rue du Cherche-Midi, 83.

1889 — GIDE (CHARLES), professeur à la Faculté de droit, rue Salle-l'Évêque, à Montpellier (Hérault).

1863 — GIGOT (ALBERT), ancien préfet de police, rue de la Pompe, 85.

1893 — GIGOT (PAUL), ingénieur à la Cie parisienne d'éclairage et de chauffage par le gaz, rue de Châteaudun, 58.

1886 — GIRARDON (PIERRE), à Vincinti, par Crest (Drôme).

1889 — GLASSON, membre de l'Institut (Académie des sciences morales et politiques), professeur à la Faculté de droit, rue du Cherche-Midi, 40.

1860 — GODILLOT, manufacturier, rue d'Anjou, 50.

1880 — GOFFINON, industriel, boulevard Magenta, 76.

1895 — GOLDENBERG (A.), ancien député de l'Alsace au Reichstag, rue de la Gare, 32, à Ermont (Seine-et-Oise).

1886 — GORSKI (CONSTANTIN), rue Mazovie, 6, à Varsovie (Russie).

1886 — GORSKI (LOUIS), rue Foxal, à Varsovie (Russie).

1890 — GORSKI (PIERRE), député à la Diète de Galicie, rue des Franciscains, 1, à Cracovie (Autriche-Hongrie).

1892 — GOULD (ELGIN R. L.), délégué du *Department of labor* de Washington, professeur à la Johns Hopkins University, Baltimore, Maryland (États-Unis).

1875 — GRANDEL (ALBERT), payeur à la caisse municipale de la ville de Paris, rue de Chatillon, 6, à Clamart (Seine).

1888 — GRANGE (FRANÇOIS), à Randens, par Aiguebelle (Savoie).

1889 — GROSSELIN (CAMILLE), rue Voltaire, 31, à Saint-Germain-en-Laye (Seine-et-Oise).

1888 — GROSSETESTE-THIERRY, industriel, avenue Bugeaud, 30.

1887 — GRUNER (ED.), ingénieur civil des mines, ancien élève de l'École polytechnique, rue Férou, 6.

1882 — GUÉRIN (URBAIN), publiciste, boulevard de la Reine, 15, Versailles (Seine-et-Oise).

1887 — GUÉRIN (LOUIS), directeur du Comptoir de l'Industrie Linière, rue Auber, 61, à Lille (Nord).

1847 — GUERRIN (LOUIS), docteur en droit, avocat, rue de la Préfecture, 22, à Besançon (Doubs).

1893 — GUILLEMAUD (CLAUDE), filateur à Seclin (Nord).

1895 — GUILLEMIN (L.), négociant à Puiseaux (Loiret).

1896 — GUMUCIO (Rafael), 36, Manuel Rodriguez, Santiago (Chili).

1877 — HAAS, manufacturier, rue du Temple, 71.

1886 — HAMEL DE BREUIL (le comte Jean du), rue du Bac, 118, et au château du Réconfort, par Monceau-le-Comte (Nièvre.)

1891 — HAMELIN (Émile), avenue de Messine, 28, et aux Andelys (Eure).

1892 — HARDY (Charles), rue de Fleurus, 27.

1894 — HARMEL (Léon), au Val-des-Bois, par Warmeriville (Marne).

1889 — HARTMANN (Alfred), manufacturier à Munster (Alsace).

1893 — HAVARD-DUCLOS, ingénieur aux mines de Lens, à Douvrin (Pas-de-Calais).

1887 — HÉDOU (l'abbé), vicaire à Saint-Eugène, rue Bergère, 9.

1895 — HEILMANN, vice-consul à la légation de France, à Stockholm (Suède).

1888 — * HENRI (Camille), banquier à Dinant (Belgique).

1892 — HENRIVAUX, directeur de la manufacture des glaces Saint-Gobain, à Saint-Gobain (Aisne).

1889 — HERZOG (Henri), avenue du Trocadéro, 15.

1890 — HEURTEAU, ingénieur en chef des mines, directeur de la Cie des chemins de fer d'Orléans, rue de Londres, 8.

1895 — HOMMELL (Georges), docteur en droit, à Ribeauvillé (Alsace).

1885 — HONORÉ (Frédéric), ingénieur civil, directeur de la Société des Grands-Magasins du Louvre, rue de Solférino, 4.

1893 — HOUDARD (Adolphe), ancien conseiller d'arrondissement, boulevard Saint-Germain, 235.

1887 — HUBERT-VALLEROUX, avocat, lauréat de l'Institut, rue de l'Université, 26.

1872 — HUDAULT (A.), ancien élève de l'École polytechnique, rue Bonaparte, 76, et à Voves (Eure-et-Loir).

1889 — HULOT (le baron), rue de Grenelle, 80, et à Sainte-Cécile près Nancy (Meurthe-et-Moselle).

1886 — ISAAC (AUGUSTE), industriel, président de la Société d'économie politique, rue de la République, 1, à Lyon (Rhône).

1881 — JACQMIN (ALBERT), ingénieur de la Cie du chemin de fer de l'Est, rue Nouvelle, 1.

1890 — JANNEZ (ÉDOUARD), vice-président de la délégation d'Alsace-Lorraine, à Sarreguemines (Alsace-Lorraine).

1891 — JARRIAND (ÉMILE), avocat, docteur en droit, *Secrétaire de la Société*, rue des Petits-Champs, 64.

1894 — JAY (RAOUL), professeur à la Faculté de droit de Paris, rond-point de la Porte-Maillot, 16, à Neuilly-sur-Seine (Seine).

1894 — JOLY (HENRI), doyen honoraire de Faculté, rue de Rennes, 106 bis.

1896 — JONAGE (le comte DE), château de Chamagnieu, par Crémieu (Isère).

1890 — JOSSEAU (PAUL), avocat, docteur en droit, rue de Suresne, 7.

1883 — JUGLAR (le Dr CLÉMENT), de l'Institut (Académie des sciences morales et politiques), rue Saint-Jacques, 167.

1889 — JUGLAR (LOUIS), licencié ès lettres, rue Saint-Jacques, 167.

1890 — JULIN (ARMAND), docteur en droit, docteur ès sciences, chef de bureau à l'Office de travail, ministère de l'industrie et du travail, rue Posschier, 14, Etterbeek, Bruxelles (Belgique).

1893 — JURIE (ÉMILE), armateur, rue Émile-Fourcand, 19, à Bordeaux (Gironde).

1888 — KAEMPFE (le Dʳ WALTHER), Salzbourg (Autriche-Hongrie).

1892 — KARCHER, rue de la Ferme, 10, à Saint-Maur-les-Fossés (Seine).

1894 — KAROLYI (le comte ALEXANDRE), 21, Eszterhazy ut Eza, Budapest (Autriche-Hongrie).

1890 — KEPPEN (ALEXIS DE), ingénieur des mines, Sergierskaja, 18, Saint-Pétersbourg (Russie).

1886 — KERGALL, fondateur-propriétaire et rédacteur en chef de la *Revue économique et financière*, avenue du Bois-de-Boulogne, 43.

1880 — KERGORLAY (le comte FL. DE), rue Godot-de-Mauroy, 1, et au château de Fosseuse, par Méru (Oise).

1887 — KERNAERET (Mgr J. DE), prélat de la Maison de S. S., professeur à la Faculté libre de droit, Saint-Martin-la-Forêt, à Angers (Maine-et-Loire), et au château de Kernaëret, par Quimper (Finistère).

1891 — KIENER (ÉMILE), à Bablenheim (Haute-Alsace).

1893 — KLECKER (ÉMILE), ancien officier, rue Auber, 14.

1894 — KLIPSCH-LAFFITTE, négociant, rue de la Paix, 10.

1896 — KOBÉLATZKY (ALEXIS), chef de section au département du commerce et des manufactures, à Saint-Pétersbourg (Russie).

1892 — KOSAKIEWIEZ (B.), rue Monsieur, 12.

1896 — KOUDRIAWTZEFF (Constantin), au ministère des finances, département du commerce et des manufactures, Saint-Pétersbourg (Russie).

1889 — LAAT (ERNEST VAN DER), professeur à l'Université de Louvain, rue Torfs, 11, à Anvers (Belgique).

1896 — LABORATOIRE d'économie politique, 18, via Pò, à Turin (Italie).

1893 — LABORBE (HENRI), rue Notre-Dame-des-Victoires, 4.

1869 — LABRY (OLRY DE), inspecteur général des Ponts et chaussées, rue de Varennes, 51, et à Aulnois, par Fresne-en-Woëvre (Meuse).

1582 — LACOINTA (JULES), ancien avocat général à la Cour de cassation, à Sorèze (Tarn).

1892 — LA FRÉMOIRE (ARMAND DE), avocat, place Malesherbes, 7.

1879 — LAGASSE-DE LOCHT (CH.), ingénieur en chef, directeur des Ponts et Chaussées et des bâtiments civils, chaussée de Wavre, 167, à Bruxelles (Belgique).

1869 — LAHAUSSOIS (MAXIME), à Olivet (Loiret).

1893 — LA HOUSSAYE, avenue de Breteuil, 35.

1884 — LALLEMAND (LÉON), avocat, correspondant de l'Institut (Académie des sciences morales et politiques), rue Bonaparte, 33.

1890 — LAMARZELLE (DE), sénateur, professeur à l'Institut catholique, boulevard Saint-Germain, 254.

1889 — LANG (IRÉNÉE), industriel, ancien député au Reichstag, Schlestadt (Alsace).

1889 — LANG (LOUIS), manufacturier, faubourg Stanislas, Nancy (Meurthe-et-Moselle).

1889 — LANGERON, chef du contentieux, à Montceau-les-Mines (Saône-et-Loire).

1889 — LANGLOIS (ANATOLE), rue de Vaugirard, 55.

1883 — LANSKOÏ (le comte N. DE), Ozernoï Péréonlox, M. 5, l. 10, Saint-Pétersbourg (Russie).

1883 — LAPERCHE (P.), ancien receveur des finances, rue de la Baume, 7.

1893 — LAPORTE (A.), sous-chef à la Banque de France, agent général de la Société philanthropique, rue des Bons-Enfants, 21.

1887 — * LAPPARENT (Joseph de), à Farville, par Issoudun (Indre).

1885 — LAPRADE (Paul de), avocat, rue de Castries, 10, Lyon (Rhône).

1885 — LAREINTY (Jules de), marquis DE THO-LOZAN, boulevard Saint-Germain, 203.

1892 — LA ROCHEFOUCAULD (le comte DE), duc DE LA ROCHEGUYON, boulevard des Invalides, 18, et château de la Rocheguyon (Seine-et-Oise).

1891 — LAS CASES (le comte DE), avocat, rue d'Anjou, 61.

1889 — LAUDET (Fernand), conseiller général du Gers, château de Ladevèze, p. Marciac (Gers).

188° — LAURANS (Albert), ingénieur au corps des mines, rue du Cerf-Volant, 31, à Moulins (Allier).

1856 — LAVOLLÉE (Ch.), administrateur de la Compagnie générale des voitures de Paris, rue de Passy, 78.

1885 — LAVOLLÉE (René), ancien consul général, lauréat de l'Académie française, boulevard Haussmann, 162.

1892 — LEANDRI (Antoine), rue Sontay, 13.

1893 — LECARON, avenue de l'Opéra, 6.

1892 — LECLERC (Max), ancien secrétaire de la rédaction du *Journal des Débats*, rue de la Planche, 15.

1886 — LE CORBEILLER, notaire honoraire, Grande-Rue, 40, à Dieppe (Seine-Inférieure).

1861 — LEFÉBURE (Léon), ancien membre de l'Assemblée nationale, ancien sous-secrétaire d'État aux finances, administrateur de la Cie du chemin de fer de l'Est, secrétaire général de l'Office central des institutions charitables, avenue Marceau, 36; au château de Ronfeugeray (Orne), et à Orbey (Alsace).

1895 — LEFÈVRE-PONTALIS (Antonin), membre de l'Institut, ancien député, rue des Mathurins, 3.

1894 — LE FOYER (Lucien), avocat, rue de Rivoli, 252.

1886 — LEJEUNE (Jules), membre de l'Académie de Metz et de l'Académie Stanislas, rue de la Ravinelle, 22 *bis*, Nancy (Meurthe-et-Moselle).

1883 — LEO, professeur à l'Université de Cracovie, Galicie (Autriche-Hongrie).

1883 — LEMONNIER, ingénieur civil, rue du Cherche-Midi, 98.

1892 — LEROY-BEAULIEU (Anatole), membre de l'Institut (Académie des sciences morales et politiques), rue Pigalle, 69.

1888 — LEROY-BEAULIEU (P.), membre de l'Institut (Académie des sciences morales et politiques), professeur au Collège de France, rédacteur en chef de l'*Économiste français*, avenue du Bois-de-Boulogne, 27.

1884 — LESAGE (Robert), ingénieur gérant du Gaz franco-belge, rue Molitor, 42.

1893 — LESOURD (le Dr), boulevard Saint-Germain, 226.

1884 — LEVASSEUR (E.), membre de l'Institut (Académie des sciences morales et politiques), professeur au Collège de France et au Conservatoire des arts et métiers, rue Monsieur-le-Prince, 26.

1890 — LEVIEZ, directeur de l'*Urbaine*, rue du Mont-Thabor, 27.

1889 — LÉVIS-MIREPOIX (le comte de), député de l'Orne, rue de Varennes, 58, et au château de Chéreperrine, par Mamers (Orne).

1888 — LÉVY (Raphael-Georges), banquier, professeur à l'École libre des sciences politiques, boulevard de Courcelles, 80.

1893 — LÉVY (Ernest), administrateur de la Ménagère, boulevard Bonne-Nouvelle, 20.

1896 — LINDE (Marian), docteur en droit, à Lemberg (Autriche-Hongrie).

1890 — LINDER, inspecteur général des Mines, vice-président du conseil général des Mines, rue du Luxembourg, 38.

1896 — LIMA (Jayme), député, à Aveiro (Portugal).

1884 — LOMBARD (J.-F.), manufacturier, avenue d'Italie, 103.

1892 — LOMÉNIE (Charles de), auditeur au Conseil d'État, rue de Miromesnil, 92.

1884 — LOUP (Jules), entrepreneur de travaux publics, rue de Javel, 30.

1887 — LUZZATTI (le commandeur), député, ministre, Rome (Italie).

1887 — * LYON (G.), ancien élève de l'École polytecnique, directeur de la maison Pleyel, Wolff et Cⁱᵉ, rue Rochechouart, 24 bis.

1886 - MAGNARD DU VERNAY (Henri), à Chazal-Garnier, par Neuvy-Pailloux (Indre).

1886 — MAIREY, ingénieur, place des Pères, 2, colline Sainte-Barbe, à Saint-Étienne (Loire).

1886 — MAIROT (Henri), banquier, ancien président du Tribunal de commerce, rue de la Préfecture, à Besançon (Doubs).

1859 — MAISTRE (Jules), manufacturier, Villeneuvette (Hérault).

1894 — * MAME (Paul), imprimeur-éditeur, à Tours (Indre-et-Loire).

1890 — MAMY (Henri), directeur de l'Association des industriels de France, avenue Ledru-Rollin, 75.

1886 — MANAUD, ingénieur, inspecteur des télégraphes, rue des Abeilles, à Marseille (Bouches-du-Rhône).

1890 — MANEUVRIER (ÉDOUARD), sous-directeur général de la Société de la Vieille-Montagne, rue Richer, 19.

1895 — MARBURG (THÉODORE), avenue du Bois-de-Boulogne, 46.

1893 — MARCÉ (VICTOR), auditeur à la Cour des comptes, rue du Cirque, 17.

1892 — MARCHON (l'abbé), rue du Chapon, 7, Orléans (Loiret).

1888 — MARGERIE (CHARLES JACQUIN DE), rue d'Aguesseau, 12.

1896 — MARIN (LOUIS), avocat à la Cour d'appel, avenue de l'Observatoire, 13.

1892 — * MARIN (PAUL), capitaine d'artillerie, rue Jacob, 50.

1886 — MARION (HORACE), juge au tribunal civil, rue du Plat, 38, à Lyon (Rhône).

1884 — MARLIN (ÉDOUARD), manufacturier, rue Fortuny, 26.

1887 — MARON (ALBERT), rue Neuve, 51, Roubaix (Nord).

1888 — MAROUSSEM (PIERRE DU), avocat, docteur en droit, rue du Départ, 7, à Meudon (Seine-et-Oise), et à Chabanais (Charente).

1883 — MARTENOT (AUGUSTE), ancien sénateur, Commentry (Allier).

1889 — MARTIN (GABRIEL), rue de Villersexel, 7.

1885 — MASQUELIER, membre de la Chambre de commerce du Havre, rue de Sainte-Adresse, au Havre (Seine-Inférieure).

1873 — MASSÉ (ALEXANDRE), rue Scheffer, 53.

1889 — MATAJA (VICTOR), conseiller et chef de bureau, service de la statistique au ministère de l'intérieur, Vienne (Autriche-Hongrie).

1887 — MATHIEU (ADRIEN), inspecteur de l'enregistrement, à Albi (Tarn).

1886 — MAUPETIT (le baron AMÉDÉE), à Jujurieux (Ain).

1891 — MÉDEM (le baron DE), général-lieutenant, gouverneur civil du gouvernement de Varsovie, à Varsovie (Russie).

1890 — MÉNIER, manufacturier, rue de Châteaudun, 56 (secrétariat), et à Noisiel (Seine-et-Marne).

1889 — MENU (EUGÈNE), secrétaire de la Société des agriculteurs de France, à Mons-en-Laonnais (Aisne).

1883 — MÉPLAIN (ARMAND), avocat, ancien député, à Moulins (Allier).

1889 — MESSAGERIES MARITIMES (l'Administration centrale des), rue Vignon, 1.

1885 — MESSELET (HENRI), avoué, boulevard Sébastopol, 62.

1893 — METTETAL (ALFRED), ancien magistrat, boulevard de Courcelles, 80, et à la Harazée, p. Vienne-le-Château (Marne).

1892 — MICHALOWSKI (le comte JOSEPH), place Franciszanski, 7, à Cracovie (Autriche-Hongrie).

1873 — MICHEL (GEORGES), rédacteur au *Journal des Débats* et à l'*Économiste français*, rue Bonaparte, 31.

1882 — MICHEL (JULES), ingénieur des Ponts et Chaussées, ancien ingénieur en chef de la Cie Paris-Lyon-Méditerranée, rue de Madame, 77.

1894 — MICHEL (LÉON), professeur à la Faculté de droit de Paris, rue Bonaparte, 31.

1892 — MIEULLE (DE), château de la Thibaudière, par La Membrolle (Maine-et-Loire).

1891 — MONCLAR (le marquis DE), ministre de France à Caracas (Venezuela).

1892 — MONGE (FRANCIS DE), vicomte de FRANEAU, professeur à l'Université de Louvain, château de Wallay, par Ohey, province de Namur (Belgique).

1888 — MONDUIT (fils), industriel, rue Poncelet, 31.

1894 — MULLER, ingénieur fondeur, avenue Philippe-Auguste, 108.

1889 — NECKER (Frédéric), président de la Société chrétienne suisse d'économie sociale, rue Calvin, 9, Genève, et à Satigny, près Genève (Suisse).

1887 — NÉRON (Ernest), avenue Hoche, 15.

1892 — NERVO (le baron de), rue de Marignan, 17.

1882 — NETTANCOUT-VAUBECOUR (le comte de), rue Vaneau, 17.

1896 — NEUVILLE frères, manufacturiers, rue de Vesle, 231, à Reims (Marne).

1892 — NEYMARCK (Alfred), lauréat de l'Institut, directeur du journal Le Rentier, rue Saint-Augustin, 33.

1892 — NICOTRA (Mgr), auditeur de la Nonciature, chaussée de Wavre, 214, Bruxelles (Belgique).

1893 — NOEL (Léon-Alexis), ancien ministre pléni-potentiaire, rue des Écuries-d'Artois, 9.

1884 — NOEL (Octave), publiciste, rue de l'Université, 70.

1896 — OFFICE DU TRAVAIL au ministère de l'in-dustrie et du travail, à Bruxelles (Belgique).

1889 — OLLÉ-LAPRUNE (Léon), maître de confé-rences à l'École normale supérieure, place Saint-Sulpice, 6.

1889 — * ORGEWSKY (S. Exc. le général), sénateur quai Gagarine, 20, à Saint-Pétersbourg, et à Petchanovka, ch. de fer de Kiev Rust (Russie).

1894 — * PAGE (Edward D.), 66 to 72, Leonard street, à New-York (États-Unis).

1893 — PAILLETTE (Clément de), rue des Mathurins, 39.

1895 — PAISANT (Rieul), rue Neuve, 35, à Versailles (Seine-et-Oise).

1891 — PANNETIER, ancien ingénieur des télégraphes, à Brissac (Maine-et-Loire).

1894 — PAPILLON (le Dr), ancien professeur de clinique, rue Montalivet, 8.

1894 — PARC (le vicomte Guy du), rue de Bellechasse, 31.

1889 — PARINET (l'abbé), curé doyen de Gentroux (Creuse).

1892 — PASOLINI (la comtesse Maria), Piazza Santi Apostoli, 71, Palazzo Ruffo, Rome (Italie).

1893 — PEETERS DE BROUWER (G.), industriel, à Tournai (Belgique).

1893 — PELLEPORT-BURÊTE (le vicomte Pierre de), ancien capitaine de cavalerie, place du Champ-de-Mars, 8, Bordeaux (Gironde).

1885 — PERNOD (Louis), de la maison Pernod fils, à Pontarlier (Doubs).

1880 — PERQUER (Albert), avenue du Bois-de-Boulogne, 8 bis.

1889 — PETIT (l'abbé), chanoine, à Lourdes (Hautes-Pyrénées).

1884 — PHILIPPE, ingénieur en chef des Ponts et Chaussées, directeur au ministère de l'agriculture, rue de Turin, 23 bis.

1882 — PIAT (Albert), industriel, rue Saint-Maur, 85.

1893 — PICARD, directeur de l'usine Valentin-Coq, à Hollogne aux Pierres (Belgique).

1886 — PICHON (F.), chanoine, secrétaire général à l'évêché, Le Mans (Sarthe).

1885 — PICOT (Georges), secrétaire perpétuel de l'Académie des sciences morales et politiques, rue Pigalle, 54, et à Noisy-sur-Oise, par Beaumont-sur-Oise (Seine-et-Oise).

1887 — PIDAL (le marquis de), membre de l'Académie royale, carrera de San Geromino, à Madrid (Espagne).

1881 — PIERRON (le général), commandant le 7e corps d'armée à Besançon (Doubs).

1895 — PIOT (Stéphane), avocat à la Cour d'appel, boulevard Haussmann, 85.

1886 — PLACE (Henri de), directeur de la Société anonyme des houillères de Rochebelle, château de Rochebelle, par Alais (Gard).

1890 — PLASSARD (Jules), à Saint-Léger-sous-la-Bussière, par Tramayes (Saône-et-Loire).

1895 — POUSSIELGUE-RUSAND (G.), rue Cassette, 5.

1889 — PRÉAUDEAU (A. de), ingénieur en chef des Ponts et Chaussées, rue de Rennes, 66.

1857 — PRÉVOST (Alphonse), ancien chef de bureau au ministère de l'intérieur, administrateur de la *Réforme sociale*, rue de Seine, 54.

1887 — PRUNGET, attaché à l'Office du travail, ministère du Commerce, rue de Rennes, 106.

1892 — PYFFEROEN, docteur ès sciences politiques et administratives, professeur à l'Université, place Saint-Jacques, 2, à Gand (Belgique.)

1886 — RAFFALOVICH (Arthur), correspondant de l'Institut (Académie des sciences morales et politiques), rédacteur au *Journal des Débats* et à l'*Économiste français*, avenue Hoche, 19.

1894 — RAIBERTI (Flaminius), député, rue de Miromesnil, 14.

1889 — RAIGECOURT (le marquis de), rue Lincoln, 12, et château de Fleurigny, par Thorigny-sur-Oreuse (Yonne).

1884 — RAMEAU DE SAINT-PÈRE, publiciste, rue du Pré-aux-Clercs, 7, et à Saint-Père, Adon, par La Bussière (Loiret).

1895 — RAYNERI (Ch.), vice-président du Centre fédératif du Crédit populaire, à Menton (Alpes-Maritimes).

1892 — RAZY (Maurice), auditeur à la Cour des comptes, rue du Colisée, 3.

1890 — REDOULY et Cie, rue Saint-Georges, 11.

1879 — REICHENBACH (Cornelius), rue de Lubeck, 32.

1894 — REILLE (le baron André), député du Tarn, avenue de la Tour-Maubourg, 12.

1882 — RÉMAURY, ingénieur civil des mines, avenue Victor-Hugo, 122 bis.

1882 — REMACLE (Lucien), avocat, boulevard Beauséjour, 29.

1889 — RENESSE (le comte Théodore de), conseiller provincial, château de Schœnbeke, par Bilsen, Limbourg (Belgique).

1887 — RENOUARD (Alfred), rue Singer, 64.

1886 — REVIERS (la Vtesse de), à Ferrières-en-Gâtinais (Loiret).

1877 — REVIERS DE MAUNY (le vicomte Jacques de), ingénieur des arts et manufactures, château de la Chapelle-Guillaume, par la Bazoche-Gouet (Eure-et-Loir).

1857 — RIBBE (Charles de), président de l'Académie, rue Mazarine, 6, Aix-en-Provence (Bouches-du-Rhône).

1887 — RIBOULET (Jules), boulevard Natoire, Nîmes (Gard).

1863 — RICHEMONT (le comte Desbassins de), ancien sénateur, avenue Marceau, 69.

1891 — RICHEMONT (de), maître des requêtes au Conseil d'État, rue Cambacérès, 4.

1891 — RICHET (Charles), professeur à la Faculté de médecine, rue de l'Université, 15.

1893 — RIEPENHAUSEN-CRANGEN (Ch. de), chambellan de S. M. l'Empereur d'Allemagne, Somerstrasse, 49, à Berlin, et château de Crangen (Allemagne).

1865 — RIEPENHAUSEN-CRANGEN (Charles-Alexandre de), à l'Université de Bonn (Prusse rhénane).

1874 — RIGAUD, négociant, rue Vivienne, 8.

1883 — RIVERA (Jean), chef des travaux statistiques de la province de Huesca (Espagne).

1883 — RIVIÈRE (Louis), rue d'Anjou, 61.

1856 — ROBERT (Charles), ancien conseiller d'État, directeur de la Cⁱᵉ d'assurances l'*Union*, rue de la Banque, 15.

1888 — ROCHARD (le Dʳ Jules), membre de l'Académie de médecine, inspecteur général des services de santé de la marine en retraite, rue du Cirque, 4.

1883 — 'RODARY, ingénieur à la Cⁱᵉ des chemins de fer de Paris-Lyon-Méditerranée, rue de Vaugirard, 53.

1889 — RODIER (l'abbé), aumônier à Bagnols (Gard).

1894 — ROGER, ingénieur fondeur, avenue Philippe-Auguste, 108.

1883 — ROLLAT, directeur des usines de la Vieille-Montagne, à Bray-Là (Seine-et-Oise).

1893 — RONDELET (Joseph), docteur en droit, attaché au parquet de Paris, avenue de Saint-Cloud, 3, à Versailles (Seine-et-Oise).

1875 — ROSTAING (Léon), administrateur de la Société anonyme des papeteries de Vidalon-lès-Annonay (Ardèche).

1889 — ROSTAND (Eugène), président du Conseil de la Caisse d'épargne de Marseille, membre du Conseil supérieur des habitations à bon marché et de la Commission supérieure des Caisses d'épargne, lauréat de l'Institut, rue de Montaux, 14, Marseille (Bouches-du-Rhône).

1885 — ROTOURS (Jules Angot des), *Secrétaire de la Société*, rue de Monceau, 91, et château des Rotours, par Putanges (Orne).

1883 — ROUSIERS (PAUL DE), château du Rhus, par Confolens (Charente).

1893 — ROZET, inspecteur, fondé de pouvoirs de la Société des mines et fonderies de zinc de la Vieille-Montagne, rue de la Bienfaisance, 3.

1888 — SABATIER-GARAT (le baron), avenue des Champs-Élysées, 116.

1893 — SAGLIO (JOSEPH), à Arnonval, Arcomps (Cher).

1888 — SAGLIO (CAMILLE), directeur des Forges d'Audincourt (Doubs).

1887 — SAINT-GIRONS, docteur en droit, chef du contentieux, au Creusot (Saône-et-Loire).

1890 — SAINT PAUL DE SINÇAY (GASTON), administrateur général, directeur de la Société de la Vieille-Montagne, à Angleur, par Chenée (Belgique).

1886 — SAINT-PULGENT (ALPHONSE DE), maire de Monverdun, près Boën (Loire).

1896 — SAINT-RENÉ TAILLANDIER (HENRI), rue de Commailles, 4, et château de la Paillache, par Tarascon (Bouches-du-Rhône).

1887 — SAINT-SEINE (le comte SIXTE DE), rue de Varennes, 46.

1886 — SAINT-VICTOR (PIERRE DE), rue Saint-Florentin, 7, et à Saint-Laurent-de-Chamousset (Rhône).

1893 — SAINTE-CROIX (le comte LOUIS-FRANÇOIS-ROGER DE), lieutenant-colonel au 11e hussards, Belfort (Haut-Rhin).

1886 — SALLANDROUZE-LEMOULLEC (CHARLES), manufacturier, à Aubusson (Creuse).

1892 — SALMON-LEGAGNEUR (RAYMOND), docteur en droit, avocat à la Cour d'appel, rue de Lisbonne, 2.

1891 — SAMAZEUILH (FERNAND), banquier, cours du Jardin public, 6, Bordeaux (Gironde).

1892 — SANTA ANNA NÉRY (le baron), ancien commissaire du Brésil à l'Exposition de 1889, rue Mozart, 66:

1887 — SANTANGELO-SPOTO (Ippolito), avocat, professeur à l'Institut technique, Turin (Italie).

1891 — SARDA, boulevard de la Reine, 15, à Versailles (Seine-et-Oise).

1887 — SARRET, agrégé de l'Université, professeur au Lycée impérial ottoman, à Constantinople (Turquie).

1889 — SART DE BOULAND (le baron Raoul du), gouverneur du Hainaut, château de Moustiers, par Frasnes-les-Buissenal (Belgique).

1890 — SARTIAUX, ingénieur en chef des Ponts et Chaussées, chef de l'exploitation au chemin de fer du Nord, boulevard de Courcelles, 40.

1895 — SAUVAIRE-JOURDAN (François), docteur en droit, rue Gay-Lussac, 34.

1878 — SAVIGNY (le comte de), ancien inspecteur principal de l'exploitation commerciale, château de Ferlot, par Nevers (Nièvre).

1891 — SCZAWINSKI-BROCHOCKI (le comte de), Corso Venezia à Milan (Italie), et avenue de Neuilly, 89, Neuilly (Seine).

1896 — SÉE (Eugène), ancien préfet, boulevard Malesherbes, 181, et à Louviers (Eure).

1889 — SEGOND (Émile), professeur de l'Université, rue Meyerbeer, 15, à Nice (Alpes-Maritimes).

1891 — SEILLIÈRE (le baron Ernest), ancien élève de l'École polytechnique, président de l'Association fraternelle des ouvriers de Ligny-l'Abbaye (Ardennes), avenue Montaigne, 32

1886 — SELLE (le comte de la), château de la Barbée, par Bazouges (Sarthe).

1874 — SEVIN-REYBERT, avoué, boulevard de la Préfecture, 20, à Moulins (Allier).

1892 — SIEGFRIED, député de la Seine-Inférieure, boulevard Saint-Germain, 226.

1887 — SIMÉON (Paul), ancien capitaine d'artillerie, boulevard des Invalides, 42.

1891 — SIMONNET (HENRI), rue Duguay-Trouin, 3.

1891 — SIMONIN (ARMAND), avocat à la Cour d'appel, rue de l'Université, 10, et place de la Carrière, Nancy (Meurthe-et-Moselle).

1892 — SIMONIS (l'abbé), supérieur des Sœurs de Niederbronn, député de l'Alsace au Reichstag allemand, à Oberbronn (Basse-Alsace).

1888 — SMISSEN (ÉDOUARD VAN DER), avocat, docteur ès sciences politiques et administratives, professeur à l'Université de Liége, rue du Gouvernement provisoire, 16, Bruxelles (Belgique).

1893 — SLOANE (W. CHARLES), Attorney and councillor at Law; Broadway, 111, New-York (États-Unis).

1890 — SOCIÉTÉ DE CONSOMMATION des Aciéries de Trith Saint-Léger (le Président de la), à Valenciennes (Nord).

1891 — SOCIÉTÉ D'ÉTUDES ÉCONOMIQUES du département de la Loire, place de l'Hôtel-de-Ville, 13, à Saint-Étienne (Loire).

1890 — SOCIÉTÉ INDUSTRIELLE du Nord de la France, rue du Jardin, 29, Lille (Nord).

1890 — SOCIÉTÉ DES MINES de la Loire (le Président de la), rue Joubert, 47.

1890 — SOCIÉTÉ DE LA VIEILLE-MONTAGNE, rue Richer, 19.

1886 — SOUVESTRE (ALBERT), ancien préfet, rue Mozart, 49, et au manoir de Kéraval, par Quimper (Finistère).

1898 — SPIESS (IGNACE), député au Reichstag, Schlestadt (Alsace).

1888 — STEEN DE JEHAY (le comte FRÉDÉRIC VAN DEN), secrétaire d'ambassade, attaché au Cabinet de S. M. le Roi des Belges, rue du Trône, 40, à Bruxelles (Belgique).

1885 — STOURM (RENÉ), ancien inspecteur des finances, professeur à l'École libre des sciences politiques, *Président de la Société*, boulevard Saint-Germain, 218, et à Bercenay-en-Othe (Aube).

1894 — SUESS (Édouard), professeur à l'Université, correspondant de l'Institut de France, Vienne (Autriche-Hongrie).

1889 — SZEPTYCKI (le comte Casimir), à Muzylowice, Galicie (Autriche-Hongrie).

1887 — SZWANSKI (Jean), directeur de la Banque rurale, à Biolacerkiew, gouv. de Kiew (Russie).

1893 — TAINE (Mme Vve H.), rue Hamelin, 26.

1889 — THIERRET DE LUYTON (Em. de), directeur du « Patrimoine », avenue Malakoff, 11.

1863 — THIERRY-MIEG, manufacturier, rue de Penthièvre, 2.

1889 — THIOLLIÈRE (le comte Camille), Grande-Rue, 31, à Saint-Chamond (Loire).

1890 — THOMANN, ingénieur à la Cie P.-L.-M., à la gare de Corbeil (Seine-et-Oise).

1887 — THOMEREAU, château de Gueptant, par Magny-en-Vexin (Seine-et-Oise).

1889 — THOYER, directeur de la Banque de France, à Roubaix (Nord).

1863 — TISSERAND, conseiller maître à la Cour des comptes, anc. cons. d'État, anc. directeur au ministère de l'Agriculture, rue du Cirque, 17.

1889 — T'KINT DE ROODENBEKE (le baron Arnold), membre de la Chambre des représentants, ancien président de la Société belge d'économie sociale, rue Ducale, 9, Bruxelles, et château d'Oydone, par Deynze (Belgique).

1883 — TOMMY-MARTIN, docteur en droit, avocat à la Cour d'appel, rue Frédéric-Bastiat, 3.

1881 — TOUANNE (le marquis G. de la), ingénieur des télégraphes, rue Soufflot, 13.

1891 — TOULEMONDE (Louis), industriel, rue du Pays, Roubaix (Nord).

1886 — TOULON, ingénieur des Ponts et Chaussées, ingénieur à la Cie des chemins de fer de l'Ouest, avenue du Maine, 36.

1887 — TOUR DU PIN (Madame la comtesse DE LA), née d'Harcourt, rue Vaneau, 11.

1886 — TOYTOT (ERNEST DE), ancien conservateur du musée céramique, rue Saint-Étienne, 5, à Nevers (Nièvre).

1884 — TRACY (le marquis DE), ancien élève de l'École polytechnique, ancien préfet, rue de la Béotie, 20, et au château de Paray, par Chevagnes (Allier).

1888 — TRÈVES (ALBERT), industriel, rue de Prony, 76.

1890 — TROMBERT, secrétaire de la Société de participation aux bénéfices, sous-chef de la librairie à l'imprimerie Chaix, avenue de Ceinture, 54, Enghien (Seine-et-Oise).

1888 — TROYES (FÉLIX), avocat, juge suppléant, Samatan (Gers).

1888 — UNIVERSITÉ DE CHRISTIANIA (Norvège).

1883 — VACHEROT (E.), membre de l'Institut (Académie des sciences morales et politiques), boulevard Port-Royal, 47.

1893 — VAN DEN BROECK (l'abbé), professeur au Collège Saint-Rombaut, Malines (Belgique).

1893 — VANLAER (MAURICE), boulevard de la Liberté, 127, Lille (Nord).

1889 — VAN MARKEN, industriel, à Delft (Hollande).

1857 — VAREY (le baron DE), place du Palais-Bourbon, 2, et au château de Chavagneux (Ain).

1889 — VARIN (ACHILLE), docteur en droit, boulevard Haussmann, 140.

1886 — VERDALLE (le vicomte ROGER DE), à Treydieu, par Issoire (Puy-de-Dôme), et château de Tyrondet, par Évaux (Creuse).

1896 — * VIELLARD (PAUL), rue de Miromesnil, 90.

1892 — VIENNE (Louis de), directeur de la glacerie de Chauny (Aisne).

1895 — VERMOREL, fabricant de machines agricoles, La Rochée, par Villefranche (Rhône).

1883 — VILLE (Georges), professeur-administrateur au Muséum d'histoire naturelle, rue Cuvier, 57.

1889 — VILLEBOIS-MAREUIL (le baron de), château de la Ferrière, par Segré (Maine-et-Loire).

1889 — VILLIERS (le vicomte de), rue de Bourgogne, 29.

1891 — VINCENT (Mme Vve), rue de Paris, 7, à Asnières (Seine).

1889 — VIVIÈS (Timoléon de), château de Viviès, par Castres (Tarn).

1889 — VOGUÉ (le marquis de), ancien ambassadeur, membre de l'Institut (Académie des inscriptions et belles-lettres), rue Fabert, 2.

1895 — VOGUÉ (le comte Louis de), rue Fabert, 2.

1895 — * WATEL (Albert), avenue Montaigne, 35.

1886 — WELCHE (Ch.), ancien conseiller d'État, ancien ministre de l'intérieur, avenue d'Antin, 67, et au château de Montauban, à Houdemont, près Nancy (Meurthe-et-Moselle).

1892 — WENDEL (Henri de), rue de Clichy, 10.

1886 — WILBOIS (le colonel), rue Stanislas, 5.

1857 — WLANGALI (S. Exc. le général), ambassadeur de Sa Majesté le Tsar, à Rome (Italie).

1886 — ZIMMERMANN (Alfred), attaché au ministère des affaires étrangères à Berlin, Wilhelmstrasse, 76, Berlin (Allemagne).

1896 — ZVORIKINE (Nicolas de), rue Robert-Estienne, 6.

TABLE SOMMAIRE
DES MATIÈRES TRAITÉES

DANS LES

SÉANCES DE LA SOCIÉTÉ

SESSION DE 1856-1857 [1]

27 *novembre* 1857. — Constitution définitive de la Société : MM. Le Play. le baron Ch. Dupin, A. de Saint-Léger, le colonel Favé, Barreswill, Moréno-Henriquez, Ch. Lavollée, Ch. Robert, V. Bonnet, de Chancourtois, E. Delbet, Legouvé, Avalle, Ad. Focillon, etc.

21 *décembre* 1856. — Rapport de M. le colonel Favé sur la Monographie du charpentier de Paris, de la corporation des compagnons du devoir, par MM. Le Play et Ad. Focillon. — L'organisation et la portée morale des compagnonnages.

Rapport de M. Langlois de Neuville sur la Monographie du manœuvre agriculteur de la Champagne, par M. le Dr Delbet. — L'influence des ouvriers nomades : MM. Le Play, Delbet, E. Legouvé.

---

1 Les comptes rendus des séances de la Société n'ont été publiés qu'a partir de 1864. Pour les années 1856-1861, ils sont déposés manuscrits dans les archives de la Société : de 1861 à 1864, ils ont été en partie insérés dans le journal *l'Économiste français*, dirigé par M. Jules Duval.

18 *janvier* 1857. — Rapport de M. V. Bonnet sur la Monographie du paysan en communauté du Lavedan (Hautes-Pyrénées), par M. F. Le Play. — Le régime successoral ; les biens communaux.

15 *février* 1857. — Rapport de M. A. Bernard sur la Monographie du paysan du Labourd (Basses-Pyrénées), par MM. A. de Saint-Léger et E. Delbet. — De l'émigration.

22 *mars* 1857. — Rapport de M. Ch. Robert sur la Monographie du carrier des environs de Paris, par MM. A. Avalle et Ad. Focillon. — Des sociétés municipales de secours mutuels : MM. Villermé, de Saint-Léger, de Kergorlay, Ch. Robert, Le Play, Ad. Focillon, etc.

26 *avril* 1857. — Rapport de T. Michel sur la Monographie du tisseur en châles de Paris, par MM. Hébert et E. Delbet. — Le travail des femmes : MM. de Grimaldi, Villermé, Ch. Robert, etc.

17 *mai* 1857. — Première assemblée générale : Rapport de M. Le Play, secrétaire général, sur les travaux de la Société depuis sa fondation.

14 *juin* 1857. — Présentation des Monographies du métayer de la banlieue de Florence, du nourrisseur de vaches de la banlieue de Londres, du manœuvre agriculteur du comté de Nottingham, et du pêcheur côtier, maître de barque, de Saint-Sébastien.

14 *juillet* 1857. — Rapport de M. Ad. Focillon sur la Monographie du pêcheur côtier, maître de barque, de Saint-Sébastien (Guipuscoa, Espagne), par MM. A. de Saint-Léger et Delbet. — Rapport de M. Ad. Focillon sur la Monographie du nourrisseur de vaches de la banlieue de Londres. — Rapport de M. A. Avalle sur la Monographie du manœuvre agriculteur du comté de Nottingham (Angleterre).

SESSION DE 1857-1858

24 *novembre* 1857. — Les logements ouvriers. — Les *Land Societies*. — Les Paysans de la Westphalie.

SESSION DE 1858-1859

court (Doubs), par M. Ch. Robert. — Suite de la discussion sur l'instruction primaire obligatoire.

27 *février* 1859. — Note de M. Audley sur l'origine et l'application de l'enseignement obligatoire en Allemagne. — Rapport de M. le comte Benoît d'Azy sur la Monographie des paysans en communauté de Bousrah (Syrie), par M. le Dr Delbet.

27 *mars* 1859. — Rapport de M. le comte A. de Saint-Léger sur la Monographie du debardeur et piocheur de craie de la banlieue de Paris, par M. T. Châle. — Discussion : MM. le colonel Favé, L. Vidal, Blaise (des Vosges), Barral, Isidore Geoffroy Saint-Hilaire.

1er *mai* 1859. — Présentation de la Monographie du parfumeur de Tunis, par M. N. Cotte. — L'égalité sociale dans les sociétés musulmanes.

19 *juin* 1859. — Assemblée générale. — Rapport de M. F. Le Play, secrétaire général. — Allocution de M. J.-B. Dumas, président.

SESSION DE 1859-1860

18 *décembre* 1859. — Rapport de M. Ch. Robert sur les institutions de prévoyance fondées par la Société des usines et fonderies de la Vieille-Montagne en faveur de ses ouvriers. — Discussion : MM. le comte Benoît d'Azy, A. Cochin, Ch. Robert, Le Play.

15 *janvier* 1860. — Rapport de M. Léon Cornudet sur la Monographie de la brodeuse des Vosges, par M. Aug. Cochin. — Discussion : MM. le comte de Lyonne, Léon Cornudet, A. Cochin, le colonel Favé, Blaise (des Vosges), Le Play. — Rapport de M. Benoît d'Azy sur une note de M. Hébert relative aux moyens propres à faciliter aux ouvriers la possession du foyer domestique.

12 *février* 1860. — Rapport de M. le colonel Favé sur la Monographie de la lingère de Lille, par M. L. Auvray. — De la répression des faits de séduction : MM. Le Play, Léon Cornudet, le colonel Favé, Lecoq de Boisbaudran, Blaise (des Vosges), A. Gigot, le vicomte de Melun.

22 *avril* 1860. — Rapport annuel de M. F. Le Play, secrétaire général. — Rapport de M. Ch. Robert sur une note de M. Michel relative aux institutions qui assurent aux dentellières des Cévennes un patronage efficace. Le rôle des Béates pour la tenue de l'école et le soin des malades. — Observations de MM. A. Cochin, le comte de Lyonne, Benoît d'Azy, Léon Vidal. — Communications de M. Châle sur les améliorations pratiques survenues dans une commune rurale à la suite de la publication de sa monographie. — Allocution de M. A. Cochin, président, sur le rôle de la Société d'économie sociale.

13 *mai* 1860. — Prix fondé par M. le baron de Damas. — Rapport de M. Ch. de Ribbe sur la Monographie du paysan savonnier de la Basse-Provence, par M. Ad. Focillon. — Le partage forcé et la liberté testamentaire : MM. Le Play, le colonel Favé, Ch. Lavollée, Ch. de Ribbe.

17 *juin* 1860. — Le mineur des placers du comté de Mariposa (Californie), par M. L. Simonin. — Les Espagnols et les Anglo-Saxons en Californie : MM. le comte de Montalembert, Le Play, le baron Ch. Dupin, le colonel Favé. — Rapport de M. L. Cornudet sur le programme du concours pour le prix fondé par M. le baron de Damas.

18 *novembre* 1860. — Rapport de M. Lecoq de Boisbaudran sur la Monographie du mineur des placers du comté de Mariposa (Californie), par M. L. Simonin. — De la colonisation anglo-saxonne.

2 *décembre* 1860. — Suite de la discussion sur le rôle de l'initiative individuelle et de la centralisation administrative : 1° dans le régime de colonisation en Amérique; 2° dans l'exploitation des mines en Amérique et en Europe. — Analyse critique de la loi de 1810; MM. Blaise (des Vosges), Dunoyer, Le Play, Joseph Garnier, Donnat.

23 *décembre* 1860. — Rapport de M. Focillon sur une note de M. Léon Vidal relative au paysan des Hautes-Alpes. — Observations sur la méthode des monographies

de famille. — Discussion sur les mesures propres à encourager l'agriculture : MM. Michel, Barral, Blaise (des Vosges), Em. de Girardin, Léon Vidal, le colonel Favé.

20 *janvier* 1861. — Rapport de M. E. Rendu sur la Monographie de l'instituteur d'une commune rurale de la Normandie, par M. Rogués. — L'enseignement primaire et l'ingérence de l'Etat : MM. le comte Benoît d'Azy, Dunoyer, le baron Ch. Dupin. — Note de M. Barral sur les résultats des actes du Parlement anglais ayant pour objet l'encouragement de l'agriculture.

3 *février* 1861. — Suite de la discussion sur les limites de l'intervention de l'Etat en ce qui concerne l'enseignement primaire : MM. le comte de Lyonne, Rogués, Michel, E. Rendu, le comte de Brosses, Audley, Dunoyer, Ad. Focillon.

3 *mars* 1861. — Rapport de M. Léon Donnat sur la Monographie du fondeur de plomb des Alpes-Apuanes, par M. Blanchard. — Discussion sur les divers régimes de transmission des héritages : MM. le colonel Favé, Ad. Focillon, Barral, Ducpétiaux, Lamé-Fleury, Foucher de Careil, A. Cochin.

17 *mars* 1861. — Rapport de M. le comte Daru sur la note de M. Barral, relative aux mesures prises en Angleterre en faveur des grands travaux agricoles. — Discussion : MM. Frémy, directeur du Crédit Foncier de France; Aug. Benoît d'Azy, Mosselmann, Dunoyer, Le Play, le comte Daru.

7 *avril* 1861. — Rapport de M. Charles Lavollée sur la Monographie du manœuvre à famille nombreuse de Paris, par MM. Courteilles et Gautier. — Des résultats économiques et sociaux de la transformation de Paris : MM. le comte Benoît d'Azy, Dunoyer, Lecoq de Boisbaudran, Lamé-Fleury, Em. de Girardin, A. Cochin, Blaise (des Vosges), Le Play.

5 *mai* 1861. — Rapport de M. Ch. Robert sur la Monographie du vigneron de l'Aunis (Charente-Inférieure), par M. Toussaint. — Discussion sur la diffusion de l'enseignement primaire; le rôle de l'Etat; le régime obliga-

toire. MM. Anatole Lemercier, Foucher de Careil, Lecoq de Boisbaudran, Le Play, Rendu, A. Cochin.

12 *mai* 1861. — Exposé de M. Ch. Robert sur les pétitions présentées au Sénat relativement à l'enseignement obligatoire. — Discussion : MM. Donnat, A. Cochin, Em. de Girardin, Dunoyer, Le Play.

SESSION DE 1861-1862

8 *décembre* 1861. — La méthode des Monographies de famille et les études économiques et sociales, par M. Aug. Cochin. — Discussion : MM. Dunoyer, le prince Albert de Broglie, Le Play, Focillon, Emile de Girardin, Blaise (des Vosges), Albert Gigot.

22 *décembre* 1861. — Rapport de M. Paul Fabre sur la Monographie du paysan d'un village à banlieue morcelée du Laonnais, par M. Callay. — Discussion sur le régime successoral : MM. Dunoyer, de Franqueville.

19 *janvier* 1862. — Suite de la discussion sur le régime successoral : MM. Louis de Kergorlay, Jules Duval et Léon Donnat.

22 *janvier* 1862. — Suite de la discussion sur le régime successoral : MM. Teyssier des Farges, Dunoyer, Blaise (des Vosges), Buffet, Le Play, Paul Fabre.

9 *février* 1862. — Rapport de M. Jules Duval sur la Monographie du paysan en communanté du Ning-Po-Fou (province de Canton), par M. L. Donnat. — Discussion : MM. Focillon, C. Lavollée, Léon Donnat.

SESSION DE 1862-1863

14 *décembre* 1862. — Rapport de M. le comte L. de Kergorlay sur la Monographie du paysan luthier de Mittenwald (Bavière), par M. J. Dall'Armi.

28 *décembre* 1862. — Rapport de M. Charles Robert sur la Monographie du tisserand de Sainte-Marie-aux-

Mines, par M. L. Goguel. — Discussion sur l'influence de la puissance paternelle sur les jeunes ouvriers : MM. Vauquelin, Léon Vidal, Foucher de Careil, Lecoq de Boisbaudran, le colonel Favé, Audley, Moréno-Henriquez.

8 *février* 1863. — Suite. — Discussion sur les livrets d'ouvriers : MM. Lecoq de Boisbaudran, Favé, le vicomte de Melun, A. Cochin, de Franqueville.

1er *mars* 1863. — Rapport de M. Teyssier des Farges sur la Monographie de l'Auvergnat brocanteur en boutique à Paris, par M. E. Gauthier. — Discussion : MM. A. Certes, Wolowski, Louis de Kergorlay, Le Play, Louis Hervé, Thierry-Mieg.

25 *mars* 1863. — Suite. — Institutions patronales de Mulhouse, par M. Thierry-Mieg. — Intervention de l'Etat dans l'industrie privée, par M. E. Récamier.

26 *avril* 1863. — Rapport de M. le comte Benoît d'Azy sur la Monographie du manœuvre vigneron de la Basse-Bourgogne, par M. E. Avalle. — Discussion : MM. Martin d'Oisy, Dupuit, Wolowski, Léon Donnat, Lamé-Fleury.

5 *juillet* 1863. — Rapport sur le concours pour le prix fondé par M. le baron de Damas, par M. Aug. Cochin.

SESSION DE 1863-1864

20 *décembre* 1863. — Discours de M. le vicomte de Melun, président. — Rapport de M. Albert Gigot sur la Monographie du compositeur typographe de Paris, par M. F. Badier. — Discussion : MM. Wolowski, Dupuit, Foucher de Careil, Jules Duval.

17 *janvier* 1864. — Suite de la discussion sur la question des coalitions : MM. Albert Gigot, Foucher de Careil, le colonel Favé, Léon Donnat, Thierry-Mieg, le prince de Broglie.

28 *février* 1864. — Rapport de M. Ad. Focillon sur la Monographie du paysan de Saint-Irénée (Canada), par M. Gauldrée-Boileau. — Communication de M. E. Rameau sur l'expansion des Franco-Canadiens.

SESSION DE 1864-1865[1]

(*Bulletin*, t. Ier.)

1 Avec la session 1864-1865 a commencé la publication régulière du *Bulletin de la Société d'économie sociale* qui contient les comptes rendus complets des séances et forme, de 1864 à 1885, neuf forts volumes in-8°. Chaque volume comprend une table analytique détaillée des matières et des orateurs par ordre alphabétique ; aussi s'est-on borné à insérer ici le sommaire des séances.

SESSION DE 1867

(*Bulletin*, t. II.)

SESSION DE 1868

(*Bulletin*, t. II.)

SESSION DE 1869-1870

(*Bulletin*, t. III.)

SESSION DE 1871-1872

(*Bulletin*, t. III.)

SESSION DE 1872-1873

(*Bulletin*, t. IV.)

SESSION DE 1875-1876

(*Bulletin*, t. V, Ire partie.)

SESSION DE 1876-1877

(*Bulletin*, t. V, IIᵉ partie.)

SESSION DE 1878

(*Bulletin*, t. VI, 1re partie.)

SESSION DE 1879
(*Bulletin*, t. VI, IIe partie.)

SESSION DE 1880

(Bulletin, t. VII, Iʳᵉ partie.)

SESSION DE 1881 [1]

[(*Bulletin*, t. VII, IIe partie.)

1. A partir de janvier 1881 jusqu'en 1885, les comptes rendus des séances mensuelles et les travaux des Réunions annuelles ont été insérés presque intégralement dans la revue *la Réforme sociale*, 1re série, t. I à X.

SESSION DE 1881-1882

(*Bulletin*, t. VIII, Ire partie.)

Séance extraordinaire du 23 avril 1882 [1]

SESSION DE 1882-1883

(*Bulletin*, t. VIII, IIᵉ partie.)

1. Réunion annuelle des Unions de la paix sociale.

Réunion annuelle des 20-22 mai 1883

SÉANCE DU 20 MAI. — Discours d'ouverture, par
M. Vacherot, président : La méthode d'observation dans les sciences sociales, I. — Les travaux
de la Société d'économie sociale depuis vingt ans,
par M. A. Delaire, VI. — La décentralisation des
forces motrices et ses conséquences sociales, par
M. Denayrouze, répétiteur à l'École polytechnique, XXIV. — *University extension* : Une
nouvelle forme de l'enseignement en Angleterre,
par M. Sedley Taylor, professeur à Trinity Col-
lege (Cambridge), XXX. — Programme et plan
des visites sociales, par M. Fougerousse, XXXV.

COMPTE RENDU DES VISITES SOCIALES, par MM. Fougerousse et le baron d'Artigues : Institutions de
patronage créées par la Compagnie d'Orléans. —
L'internat manufacturier de Vitry. — Les mai-
sons ouvrières de Passy-Auteuil, XXXVI.

SÉANCE DU 22 MAI. — Le mouvement de la popula-
tion en France et à l'étranger par M. E. Cheysson,
président de la Société de statistique, XLIX. — Le
mouvement pour la réforme des lois de succession en Allemagne, par M. Claudio Jannet, LXXX.
— Les sociétés coopératives de consommation,
d'après la pratique suivie à Commentry, par
M. A. Gibon, directeur des forges de Commentry,
XCIX. — Les banques populaires et la paix sociale,

SESSION DE 1884-1885

(Bulletin, t. IX, IIᵉ partie.)

Réunion annuelle des 15, 16, 17, 18 et 19 mai 1885.

SESSION DE 1885-1886[1]

(*Réforme sociale*, 2ᵉ série, t. Iᵉʳ.)

1. A partir de la session 1885-1886, la revue la *Réforme sociale*,
acquise par la Société, a remplacé le *Bulletin*.

Réunion annuelle des 19-24 mai 1886

(Réforme sociale, 2e série, t. II.)

SESSION DE 1886-1887
(*Réforme sociale*, 2e série, t. III.)

Réunion annuelle des 21-26 mai 1887
(*Réforme sociale*, 2e série, t. IV.)

SESSION DE 1887-1888

(*Réforme sociale*, 2e série, t. V.)

Réunion annuelle des 26-31 mai 1888

(*Réforme sociale*, 2ᵉ série, t. VI.)

SÉANCES GÉNÉRALES.

SESSION DE 1888-1889

(*Réforme sociale*, 2e série, t. VII)

Réunion annuelle des 13-20 juin 1889

(*Réforme sociale*, 2ᵉ série, t. VIII et IX.)

SÉANCES GÉNÉRALES.

PREMIÈRE SÉANCE (13 juin). — Présidence de M. CH GRAD, de l'Institut de France, député de l'Alsace au Reichstag allemand. — Allocution du président. — Lettres adressées au Congrès par Lord Denbigh, l'honorable Carroll D. Wright, MM. César Cantu et le marquis de Pidal. — La Société d'économie sociale et les Unions en 1888-1889, rapport de M. A. Delaire, secrétaire général, p. 132. — Le cardinal Lavigerie et ses œuvres dans le bassin de la Méditerranée et en Afrique, par M. Georges Picot, de l'Institut, p. 146. — L'Economie sociale à l'Exposition universelle de 1889, par M. E. Cheysson, p. 1.

DEUXIÈME SÉANCE (14 juin). — Présidence de M. le comte
DE BOUSIES, p. 166. — La liberté de tester à la Consti-
tuante, par M. Fernand Auburtin, p. 98. — La vie à la
Bastille, par M. Frantz Funck Brentano, p. 66.

TROISIÈME SÉANCE (15 juin). — Présidence de M. LA-
COINTA, p. 168. — Des empêchements mis par l'État à
l'exercice de la charité privée, par M. Hubert-Valleroux, p. 277. — La paix sociale au moyen-âge : la vie
de village en Provence au temps du roi René, par
M. CHARLES DE RIBBE, p. 321, 401.

QUATRIÈME SÉANCE (17 juin). — Présidence de M. CH.
DEJACE, p. 170. — Les réformes successorales, par M.
Boyenval, t. IX, p. 223. — La liberté du travail et la
question ouvrière depuis un siècle, par le R. P. Forbes,
t. VIII, p. 584.

CINQUIÈME SÉANCE (19 juin). — Présidence de M. CH.
GRAD, p. 171. — Le dimanche, bienfait social, par M. E.
Deluz, p. 597. — L'organisation du travail d'après
F. Le Play et le mouvement social contemporain, par
M. Claudio Jannet, p. 625. — Résumé et clôture par
M. Ch. Grad, p. 173.

RÉUNIONS DE TRAVAIL.

PREMIÈRE RÉUNION (14 juin). — Présidence de M. JULES
MICHEL, p. 174. — L'autorité paternelle et le droit de
succession des enfants : rapport de M. E. Glasson, de
l'Institut, avec les observations de MM. J. Michel,
Tommy-Martin, Cheysson, Grad, Duverger, Mgr de
Kernaëret et Antonin Rondelet, p. 209.

DEUXIÈME RÉUNION (15 juin). — Présidence de M. BAR-
BEREN, p. 175. — Sur la nécessité de réformes législa-
tives concernant la séduction et la preuve de filiation
naturelle, par M. J. Lacointa, avec les observations de
MM. Delbet, de Bousies et Cheysson, p. 265. — La loi
successorale « ab intestat » et les projets soumis au
Parlement, par M. H. Duquaire, avec les observations
de MM. Claudio Jannet, Lacointa et Cheysson, p. 309.

TROISIÈME RÉUNION (16 juin). — Présidence de M. J.
MIMAUD, p. 177. — L'enseignement social à Lyon, par
M. H. Marion, p. 467. — L'enseignement civique dans

SESSION DE 1889-1890.

(Réforme sociale, 2e série, t. IX.)

Réunion annuelle des 16-22 mai 1890

(*Réforme sociale*, 2ᵉ série, t. X.)

RÉUNIONS DE TRAVAIL.

PREMIÈRE RÉUNION (17 mai). — Présidence de M. E. CHEYSSON, p. 28. — Les grèves, leur statistique, leurs causes et leurs résultats, par MM. J.-A. des Rotours et V. Turquan, p. 305.

DEUXIÈME RÉUNION (18 mai). — Présidence de M. J. MICHEL, p. 30. — Les Artels russes, par M. le professeur Afanassiev, p. 642, 719. — Les compagnons du Devoir, passants charpentiers, bons drilles du tour de France, par M. P. du Maroussem, avec les observations de M. Castel, fondateur de l'association des ouvriers charpentiers de La Villette, 3e série, t. 1, p. 50, 132.

TROISIÈME RÉUNION (19 mai). — Présidence de M. le baron A. T'KINT DE ROODENBEKE, p. 33. — La coopération en Belgique, par M. le Dr Goddyn, p. 34. — La coopération, son domaine et ses limites, par M. E. Gruner, avec les observations de MM. Fougerousse, le R. P. Ludovic de Besse, Hubert-Valleroux, etc., p. 577.

QUATRIÈME RÉUNION (20 mai). — Présidence de M. CLÉMENT JUGLAR, p. 37. — Monographie d'un chef d'atelier, tisseur de soie, dans les campagnes du Lyonnais, par M. J.-B. Guise, p. 37. — La situation économique des colonies françaises, par M. Garreau, p. 38.

CINQUIÈME RÉUNION (21 mai). — Présidence de M. LINDER, inspecteur général des mines, p. 39. — Les accidents du travail et de l'industrie, par M. A. Gibon, p. 111. — L'Ecole des hautes études industrielles de Lille, par M. Léon Rostaing, avec les observations de M. le colonel Arnould, directeur de l'Ecole, p. 215.

SIXIÈME RÉUNION (22 mai). — Présidence de M. WELCHE, ancien ministre, p. 41. — Le métayage dans le Lyonnais, par M. Lucien Rérolle, p. 249. — De l'indemnité au fermier sortant, par M. de Belleville, p. 367. — Les chambres d'agriculture, par M. A. Gairal, p. 697.

VISITES AGRICOLES, INDUSTRIELLES ET SOCIALES.

La manufacture de jumelles Baille-Lemaire, avec un précis des institutions patronales; compte rendu par M. J. Cazajeux, p. 47. — La Société des immeubles indus-

SESSION DE 1890-1891

(Réforme sociale, 3e série, t. I.)

Réunion annuelle des 25-30 mai 1891

(*Réforme sociale*, 3ᵉ série, t. II.)

SESSION DE 1891-1892

(*Réforme sociale*, 3ᵉ série, t. III.)

Réunion annuelle des 18-24 mai 1892

(*Réforme sociale*, 3ᵉ série, t. IV et V.)

SÉANCES GÉNÉRALES.

PREMIÈRE SÉANCE (18 mai). — Présidence de M. ANATOLE
LEROY-BEAULIEU, de l'Institut. — Allocution de M. A.
Gibon, président de la Société d'économie sociale, p. 5.
— Discours de M. Anatole Leroy-Beaulieu, p. 7. —
La Société d'économie sociale et les Unions en 1891-
1892; rapport de M. A. Delaire, secrétaire général,
p. 16. — Rapport sur les prix destinés à honorer les
vertus de famille et l'attachement à l'atelier, par M. J.
Michel, p. 28. — Remise des médailles aux lauréats,
p. 38. — La lutte contre l'alcoolisme dans une grande
ville, par M. Eugène Rostand, président de la Caisse
d'épargne des Bouches-du-Rhône, p. 125.

DEUXIÈME SÉANCE (20 mai). — Présidence de M. A. GI-
BON, p. 40. — Les enfants despotes au foyer de la
famille, par M. Fernand Nicolay, p. 397. — Le socialisme et le Décalogue, par M. l'abbé Garnier, p. 261.

TROISIÈME SÉANCE (21 mai). — Présidence de M. A. GI-
BON, p. 41. — L'action des lettres de cachet dans la
vie de famille de la bourgeoisie parisienne au XVIIIᵉ
siècle, par M. Frantz Funck-Brentano, t. V, p. 245. —
De New-York aux montagnes Rocheuses, impressions
et souvenirs, par M. A. Delaire.

RÉUNIONS DE TRAVAIL.

PREMIÈRE RÉUNION (19 mai). — Présidence de M. LEVAS-
SEUR, p. 43. — La baisse persistante du métal argent

et son influence économique et sociale, par M. R. G. Lévy, avec les observations de MM. Allard, directeur honoraire de la Monnaie de Bruxelles, Ch. Limousin, Clément Juglar, etc., p. 143.

DEUXIÈME RÉUNION (20 mai). — Présidence de M. A. GIBON, p. 45. — La baisse du taux de l'intérêt dans ses rapports avec les institutions de prévoyance, par M. E. Cheysson, avec les observations de MM. Clément Juglar et Fougerousse, p. 651.

TROISIÈME RÉUNION (20 mai). — Présidence de M. A. GIBON, p. 47. — La question des Universités, par M. G. Blondel, avec les observations de M. G. Alix, t. V, p. 733. — Quelques résultats de l'enquête internationale du « Department of labor » de Washington, par M. E. R. L. Gould, t. V, p. 65, 112. — L'honnête homme campagnard à la fin de l'ancien régime en Basse-Normandie, par M. J.-A. des Rotours, p. 305.

QUATRIÈME RÉUNION (21 mai). — Présidence de M. A. GIBON, p. 51. — L'impôt sur les célibataires, par M. Maurice Vanlaër, avec les observations de M. le docteu r Lagneau, p. 477. — La solidarité dans les sociétés de crédit, par le R. P. Ludovic de Besse, avec les observations de MM. Hubert-Valleroux, Etcheverry, Desnoyers, etc., p. 326.

CINQUIÈME RÉUNION (22 mai). — Présidence de M. CHEYSSON, p. 53. — La « Solidarité administrative », société d'assistance et d'assurance mutuelles entre les employés des administrations de l'État, des départements et des communes, par M. Louis Fontaine, avec les observations de MM. Cheysson et Duval, directeur du Mont-de-Piété de Paris, p. 573. — De la nécessité et des conditions de l'expansion coloniale de la France, par M. Ernest Michel. — La constitution de la famille en Béarn, par M. L. Batcave[1].

SIXIÈME RÉUNION (24 mai). — Présidence de M. A. GIBON, p. 56. — Les aveugles dans le régime du travail, par

---

1. Voir ci-après, p. 112, note.

SESSION DE 1892-1893

(Réforme sociale, 3e série, t. V.)

Réunion annuelle des 29 mai-4 juin 1893

(Réforme sociale, 3e série, t. VI.)

SÉANCES GÉNÉRALES.

PREMIÈRE SÉANCE (29 mai). — Présidence de M. E. GLASSON, de l'Institut, professeur à la Faculté de droit de Paris. — Discours de M. E. Glasson : De l'altération de la notion du droit et de la justice au point de vue de l'économie sociale, p. 5. — Rapport sur les prix fondés pour honorer les vertus de famille et l'attache-

Une imitation anglaise de l'organisation familiale chinoise : le major Poore et les villages du Wiltshire, par M. Eug. Simon, p. 304.

CINQUIÈME RÉUNION (2 juin). — Présidence de M. E. GLASSON, p. 77. — Les salaires et la durée du travail dans les industries du département de la Seine, d'après l'enquête de l'Office du travail, par M. A. Fontaine, p. 322.

SIXIÈME RÉUNION (3 juin). — Présidence de M. WELCHE, p. 79. — Allocution de l'Honorable M. Chapleau, lieutenant gouverneur de la province de Québec, p. 79. — Les syndicats agricoles et leurs sections paroissiales, par M. Nicolle, p. 652. — Les récents progrès de la coopération de consommation et de production dans les industries agricoles, par M. A. Fougerousse.

SEPTIÈME RÉUNION (4 juin). — Présidence de M. E. GLASSON, p. 82. — Une nouvelle cause de destruction des familles souches pyrénéennes, par M. L. Batcave[1]. — De la suppression des bureaux de placement, par M. Maurice Vanlaer, p. 713. — Le bureau municipal de placement et l'union d'assistance du VIe arrondissement, par M. H. Defert, maire de l'arrondissement, p. 738.

VISITES INDUSTRIELLES ET SOCIALES.

L'Union chrétienne de jeunes gens de Paris; allocution de M. Alfred André et exposé par M. Buscarlet, p. 85. — L'Office central des Institutions charitables; l'Hospitalité du travail et la maison de travail; visite, p. 86; allocution de M. le marquis de Vogüé, président, p. 115; rapport de M. Léon Lefébure, secrétaire général, p. 117; discours de M. Georges Picot : l'œuvre des mères de famille, p. 134. — Établissements de la Société philanthropique : dispensaire pour enfants, hospitalité de nuit pour femmes et enfants, fourneau

1. Ce mémoire et celui du Congrès précédent ont été réunis et publiés sous le titre : La constitution de la famille et du patrimoine, sous le for, en Béarn, *Réf. soc.*, 3e sér., t. VI, p. 633, 712, 823.

Réunion annuelle des 17-23 mai 1894

(*Réforme sociale*, 3ᵉ série, t. VIII et IX.)

_____

1. V. le texte complet dans la *Réf. soc.* du 1ᵉʳ juin (t. VII,
p. 821.)

âge, par M. Imbart de la Tour, avec les observations
de MM. des Cilleuls, Béchaux, Lambert, et Hubert-
Valleroux, t. IX, p. 49. — L'évolution féodale en
France, par M. A. des Cilleuls, avec les observations
de MM. Babeau et Delbet, p. 69 et t. VII, p. 893.

SIXIÈME RÉUNION (23 mai). — Présidence de M. ALBERT
GIGOT, p. 70. — Quelques transformations dans l'enseignement des sciences sociales, par M. E. Duthoit,
avec les observations de MM. Béchaux et R. Jay,
p. 411. — Les projets de réglementation du contrat de
travail en Belgique, par M. Ch. Dejace, avec les
observations de MM. R. Jay et Hubert-Valleroux,
p. 645. — Les meilleures pratiques de la paix dans les
ateliers, par M. A. Gibon, p. 172.

VISITES INDUSTRIELLES ET SOCIALES.

Le Cercle catholique des Étudiants de Paris, exposé par
MM. B. Te   t et l'abbé Fonssagrives, p. 74. — La
Maison de famille des apprentis (Société des amis de
l'Enfance), p. 77. — La Maison de famille pour les
apprentis et les jeunes ouvriers (Fondation protes-
tante); exposé par MM. Albert Juncker et le pasteur
Dumas, p. 79. — Le patronage de N.-D. de Grâce,
exposé par M. L. Duval-Arnould, p. 80. — L'établissement Saint-Nicolas à Igny, p. 84. — Les hôpitaux
d'Ormesson et de Villiers (œuvre des Enfants tuber-
culeux), p. 89.

RÉUNION DES CORRESPONDANTS (23 mai). — Présidence
de M. G. PICOT. — Les Conférences des Unions du
Nord à Lille, par M. Béchaux; utilité de suivre cet
exemple à Amiens, à Dijon, à Moulin, à Besançon...;
propagande par dons de livres et bibliothèques circu-
lantes, etc.; compte rendu par M. Cazajeux, p. 91 à 98.

RÉUNION DE CLOTURE (23 mai). — Présidence de M.
ALBERT GIGOT. — Discours et allocutions de M. Albert
Gigot, p. 99; de M. Georges Picot, p. 101; de MM.
Blondel, le docteur Blache, Ch. Dejace, p. 102 et 103;
allocution de M. Nantel, ministre des travaux publics
de la province de Québec, p. 103; *Croissez et multi-
pliez*, poésie de M. Paul Harel, p. 104.

SESSION DE 1894-1895

(*Réforme sociale*, 3e série, t. IX.)

Réunion annuelle des 13-19 mai 1895

(*Réforme sociale*, 3e série, t. X.)

1. La discussion sur « l'Homestead en France » a été continuée au dîner mensuel du 26 novembre, *Réforme sociale*, 3e série, t. IX, p. 226.

Allocution du président. p. 5. — La Société d'économie sociale et les Unions en 1894-1895, rapport de
M. A. Delaire, secrétaire général, p. 9. — Le Comité
de défense et de progrès social, par M. Anatole
Leroy-Beaulieu, de l'Institut, p. 22. — Le mouvement
social et politique en Belgique depuis dix ans, par
M. A. Nyssens, membre de la Chambre des représentants, p. 34.

DEUXIÈME SÉANCE (18 mai). — Présidence de M. JULES
MICHEL, p. 50. — Résumé des travaux du Congrès et
rapport sur le prix Marie-Jeanne de Chambrun,
par M. Jules Michel, p. 52. — Remise de la médaille
au lauréat de la Société, p. 64. — Où en est la colonisation française ; l'œuvre de colonisation ; Tonkin et
Madagascar, par M. J. Chailley-Bert, p. 157.

CONFÉRENCE PUBLIQUE DU COMITÉ DE DÉFENSE ET DE
PROGRÈS SOCIAL. — Présidence de M. ANATOLE LEROY-
BEAULIEU, de l'Institut. — Le socialisme et l'agricul-
ture, par M. D. Zolla, t. IX, p. 922.

RÉUNIONS DE TRAVAIL.

PREMIÈRE RÉUNION (14 mai). — Présidence de M. GAS-
TON DAVID, p. 66. — La récente organisation de l'ins-
pection du travail en Belgique, par M. Oscar Pyfferoen, p. 494. — L'organisation du suffrage universel :
le vote obligatoire et le vote plural, par M. Albert
Nyssens, p. 66.

DEUXIÈME RÉUNION (14 mai). — Présidence de M. A.
BEERNAERT, président du Congrès, p. 70. — La Société
des amis des pauvres, par M. René Blondeau, p. 525.
— Le minimum légal de salaire, par M. Hubert-Valleroux, avec les observations de MM. Nyssens, Cheysson
et Lagasse de Locht, p. 302.

TROISIÈME RÉUNION (15 mai). — Présidence de M. CH.
DEJAC⁻ p. 72. — La situation des ouvriers des campagnes allemandes d'après l'enquête du « Verein für
social politik » par M. E. Dubois, p. 346. — La question agraire en Allemagne, par M. G. Blondel, avec les
observations de M. Frederiksen, p. 397.

progrès social, par M. Anatole Leroy-Beaulieu; les
conférences populaires à Lille, par M. L. Guérin; les
comités en province, etc.; compte rendu par M. J.
Cazajeux, p. 107 à 116.

BANQUET ANNUEL (14 mai). — Présidence de M. A. BEER-
NAERT. — Allocution de M. Jules Michel, président de
de la Société d'économie sociale, p. 117. — Discours
de M. A. Beernaert, p. 119. — Allocutions de MM. G.
Picot, Wagner, G. Berry, V. Taunay et Anatole Leroy-
Beaulieu, p. 124 à 130.

SESSION DE 1895-1896

(*Réforme sociale*, 4e série, t. I.)

Réunion annuelle des 1er-7 juin 1896

(*Réforme soc le*, 4e série, t. II.)

(EN COURS DE PUBLICATION)

avec les observations de MM. G. Picot, Cheysson, Duval-Arnould, Ch. Limousin, Bassereau et A. Gigot.

DEUXIÈME RÉUNION (2 juin). — Présidence de M. A. BÉCHAUX, p. 69. — La crise du tissage à Lyon et le rôle des syndicats ouvriers, par M. J. R. Guise, avec les observations de MM. R. Jay et Hubert-Valleroux. — Le chômage dans quelques industries parisiennes, par MM. Honoré, avec les observations de MM. Cheysson, Fournier de Flaix, le R. P. Forbes et Guise, p. 265. — La commission d'arbitrage du rayon industriel de Cholet, par M. P. Baugas, p. 345.

TROISIÈME RÉUNION (3 juin). — Présidence de M. ALBERT GIGOT, p. 73. — Essai de recensement des fonctionnaires et employés de l'État; progression de leur nombre et du montant de leur traitement; statistique générale des pensions, par M. V. Turquan, avec les observations de MM. Cheysson, Euverte, Hubert-Valleroux, Ch. Lavollée, A. Babeau, Nogues, Neymarck et des Cilleuls.

QUATRIÈME RÉUNION (4 juin). — Présidence de M. le comte DE LUÇAY, correspondant de l'Institut, p. 76. — Histoire économique d'une commune rurale du XVe au XIXe siècle : Vic de Chassenay en Bourgogne, par M. de Saint-Genis, avec les observations de M. de Luçay, A. Babeau, Cheysson, etc. p. 477. — Les syndicats agricoles locaux et la décentralisation, par M. L. Dubois, avec les observations de MM. Cheysson, Hubert-Valleroux, etc.

CINQUIÈME RÉUNION (5 juin). — Présidence de M. ANATOLE LEROY-BEAULIEU, de l'Institut, p. 81. — La « Société de solidarité sociale pour l'amélioration du sort des ouvriers », par M. Mabilleau. — La décentralisation, ses différents aspects, par M. Georges Picot, avec les observations de MM. des Cilleuls, A. Babeau, Delbet, Mabilleau, A. Gigot, Hubert-Valleroux, Limousin, Saint-René-Taillandier et Cheysson, p. 153.

SIXIÈME RÉUNION (6 juin). — Présidence de M. A. DES CILLEULS, p. 84. — Communautés et communisme :

LISTE DES MONOGRAPHIES

CONTENUES DANS

LES OUVRIERS DES DEUX MONDES

PREMIÈRE SÉRIE

TOME PREMIER

TOME SECOND

TOME TROISIÈME

TOME QUATRIÈME

TOME CINQUIÈME

DEUXIÈME SÉRIE

TOME PREMIER

Nº 48 *bis*. Précis de la monographie de l'Armurier de
   Toula (Grande-Russie); par M. le général PERETZ.
Nº 49. Charron de Montataire (Oise — France); par
   . M. W. BERTHEAULT.
Nº 50. Faïencier de Nevers (France); par M. E. de
   TOYTOT.
Nº 51. Maraîcher de Deuil (Seine-et-Oise — France);
   par M. URBAIN GUÉRIN.
Nº 52. Pêcheur-côtier de Martigues (Bouches-du-Rhône
   — France); par M. F. ESCARD.
Nº 53. Métayer du pays d'Horte (Gascogne — France);
   par M. le baron d'ARTIGUES.
Nº 54. Arabes pasteurs nomades du Sahara (Algérie);
   par M. A. GEOFFROY.
Nº 55. Gantier de Grenoble (France); par M. E. de
   TOYTOT.

TOME DEUXIÈME

Nº 56. Tourneur-mécanicien de Seraing (province de
   Liège — Belgique); par M. URBAIN GUÉRIN.
Nº 57. Bordier (Fellah) Berbère de la Grande-Kabylie
   (province d'Alger); par M. A. GEOFFROY.
Nº 57 *bis*. Précis de la monographie du paysan colon du
   Sahel (Algérie); par M. M. Cos.
Nº 58. Pêcheur-côtier d'Heyst (Flandre occidentale —
   Belgique); par M. V. BRANTS, professeur à l'Uni-
   versité de Louvain.
Nº 58 *bis*. Précis de la monographie du pêcheur-côtier,
   maître de barque, d'Etretat (Seine-Inférieure —
   France); par M. Ch. VALLIN, professeur de l'Uni-
   versité de France.
Nº 59. Paysan métayer de la Basse-Provence (Bouches-
   du-Rhône — France); par M. d'ESTIENNE DE
   SAINT-JEAN.
Nº 59 *bis*. Précis de la monographie du paysan et maçon
   émigrant de la Marche (Creuse — France); par
   M. l'abbé PARINET.

Nᵒ 83 Fileur en peigné et régleur de métier de la
manufacture du Val-du-Bois (Marne — France) ;
par M. URBAIN GUÉRIN.

Nᵒ 84 Cordonnier d'Iseghem (Flandre occidentale —
Belgique) ; par M. CHARLES GILLÉS DE PÉLICHY.

Nᵒ 85 Paysan métayer (*Contadino mezzajuolo*) de Rocca
Sancasciano (Romagne-Toscane — Italie) ; par
M. ASSIRELLI.

Nᵒ 85 *bis*. Ouvriers agriculteurs (*Braccianti*) de la cam-
pagne de Ravenne (Romagne — Italie) ; précis
de monographie par Mᵐᵉ la comtesse MARIE
PASOLINI.

APPENDICE

———

I

Les Ouvriers Européens, études sur les Travaux, la Vie domestique et la Condition morale des populations ouvrières de l'Europe, par F. Le Play.

La première édition de cet ouvrage a paru à l'Imprimerie impériale en 1855. L'auteur y décrit dans les moindres détails la condition de trente-six familles d'ouvriers. Il insiste sur les rapports qui unissent chacune d'elles aux classes supérieures de la société ; et il déduit de ces faits les caractères distinctifs des principales constitutions sociales de l'Europe.

L'ouvrage comprend trois parties : une introduction avec un exposé de la méthode d'observation propre à l'auteur ; un appendice résumant les principales conclusions ; un atlas comprenant trente-six monographies de familles d'ouvriers.

L'ouvrage, soumis au jugement de l'Académie des sciences de Paris a été apprécié par une commission composée de MM. Bienaymé, Boussingault, Charles Dupin, de Gasparin et Mathieu. Le savant rapporteur, M. Charles Dupin, a signalé le plan suivi par l'auteur comme un modèle de méthode ; et il a exprimé le vœu que des observations conçues dans le même esprit fussent étendues à toutes les contrées. Il a proposé, au nom de la commission, d'accorder à l'auteur le prix de statistique

fondé par M. de Montyon ; et il a terminé son travail
par les réflexions suivantes :

« Les développements dans lesquels nous avons cru
« devoir entrer montrent le cas que nous faisons de
« l'ouvrage dont nous rendons compte à l'Académie. Ce
« travail est nouveau par son point de vue, par son
« ensemble, par son esprit mathématique à l'égard des
« faits constatés ; par l'esprit de modération avec lequel
« les idées propres à l'auteur sont présentées, soit à
« titre d'explication, soit à titre de conséquences. »

Le prix de statistique a été décerné à l'auteur, dans la
séance publique de l'Académie des sciences du 28 janvier 1856. La 1re édition est épuisée depuis 1856.

L'auteur a publié, de 1877 à 1879, sur un plan nouveau
et avec de nombreux compléments, une 2e édition, in-8°,
en 6 tomes ou livraisons. Il ne s'est plus borné, comme
dans la 1re édition, à l'exposé des faits observés de 1829
à 1855, suivi d'un résumé des conclusions les plus impor-
tantes ; il a d'abord complété cet exposé en y joignant
les observations recueillies de 1855 à 1879 ; de plus il y a
introduit dans son entier la doctrine qui ressort de
l'étude raisonnée de tous ces faits.

Le tome Ier forme à lui seul presque un ouvrage à part
sous le titre : *La Méthode d'observation appliquée de
1829 à 1879 à l'étude des familles ouvrières*, en trois
livres ou précis sommaires touchant les origines, la des-
cription, l'histoire et les résultats de la Méthode, avec une
carte géographique des 57 familles décrites.

Les cinq autres tomes sont consacrés aux 57 monographies ou descriptions méthodiques et comparatives de ces
57 familles ; elles y sont coordonnées suivant les trois
régions naturelles qu'indique le caractère des faits sociaux
qui s'y présentent.

La première de ces régions est l'Orient, qui se pro-
longe en Asie et en Afrique sur les rivages de la Méditerranée.

Le tome II a pour titre : *Les Ouvriers de l'Orient et
leurs essaims de la Méditerranée*, populations soumises
à la tradition, ont le bien-être se conserve sous trois

influences dominantes : le décalogue éternel, la famille patriarcale et les productions spontanées du sol. On y trouve les monographies suivantes :

La deuxième contrée sociale de l'Europe est le Nord ; le tome III lui est affecté avec le titre suivant : *Les Ouvriers du Nord et leurs essaims de la Baltique et de la Manche*, populations guidées par un juste mélange de tradition et de nouveauté, dont le bien-être provient de trois influences principales : le décalogue éternel, la famille-souche et les productions spontanées du sol et des eaux. Voici les monographies de cette région contenues dans ce troisième tome :

La troisième et dernière région sociale de l'Europe est l'Occident ; elle ne présente pas l'unité de constitution que l'on trouve dans les deux premières : on y rencontre des populations parmi lesquelles le bien domine encore; d'autres où les progrès du mal sont arrivés jusqu'à établir, avec le bien, une sorte d'équilibre ; d'autres, enfin, où la prédominance du mal déchaîne de cruelles souffrances. Aussi les monographies des familles de l'Occident sont-elles classées en trois séries, qui remplissent comme il suit les tomes IV, V et VI :

TOME IV. — *Les Ouvriers de l'Occident.* — 1re *série : populations stables,* fidèles à la tradition devant les envahissements de la nouveauté, soumises au décalogue et à l'autorité paternelle, suppléant à la rareté croissante des productions spontanées par la communauté, la propriété individuelle et le patronage.

TOME V. — *Les Ouvriers de l'Occident.* — 2e *série : populations ébranlées,* envahies par la nouveauté, oublieuses de la tradition, peu fidèles au décalogue et à l'autorité paternelle, suppléant mal à la rareté croissante des productions spontanées par la communauté, la propriété individuelle et le patronage.

TOME VI. — *Les Ouvriers de l'Occident.* — 3ᵉ série : *populations désorganisées*, égarées par la nouveauté, méprisant la tradition, révoltées contre le décalogue et l'autorité paternelle, empêchées par la désorganisation du travail et de la propriété de suppléer à la suppression des productions spontanées.

Chacun des cinq derniers tomes commence par une introduction touchant la constitution sociale sous laquelle vivent les familles qui y sont décrites, et se termine par un épilogue résumant les changements que cette constitution a subis depuis 1855, date de la 1ʳᵉ édition, jusqu'à l'époque de la 2ᵉ. Chaque tome forme ainsi un manuel social d'une région déterminée, que l'on peut acquérir et consulter isolément. (Prix de chaque vol., 6 fr. 50.)

II

La Réforme sociale en France déduite de l'observation comparée des peuples européens, par F. Le Play[1].

L'auteur a entrepris, en 1858, la rédaction de cet ouvrage, sur la demande réitérée de personnes qui étaient alors en situation de coopérer à la réforme de la France. Il y a groupé, sous une forme analytique, les faits recueillis dans ses voyages et qui n'avaient été exposés que par un petit nombre de spécimens dans *les Ouvriers européens*. La première édition, publiée en 1864, a été suivie de six autres, en 1866, en 1867, en 1872, en 1874, en 1878 et en 1887. L'auteur, se référant à la pratique des peuples prospères, interprétée par les autorités sociales, tend à un but qu'on peut résumer en peu de mots : signaler les conditions de l'ordre matériel et moral dans les sociétés de notre temps.

Amendé et complété dans chacune de ses six premières éditions, conformément aux nouvelles observations de l'auteur et aux critiques des hommes compétents, l'ouvrage comprend aujourd'hui une introduction, sept livres et une conclusion. Il est divisé en 69 chapitres et en 954 paragraphes. L'introduction a l'étendue d'un livre : elle expose la méthode qui a guidé l'auteur, puis la distinction du vrai et du faux telle qu'il l'a déduite du rapprochement des faits observés et de l'opinion des autorités sociales. Les sept livres traitent successivement des principales branches de l'activité humaine : ils ont pour objet la religion, la propriété, la famille, le travail, l'association, les rapports privés et le gouvernement. Dans chacun de ces livres, l'auteur décrit les idées, les mœurs et les institutions qui font le succès des peuples les plus

---

1. Tours, Mame, 1887, 7e édition, 3 vol. in-18; prix : 6 fr.

prospères de l'époque actuelle. Selon la déclaration una-
nime des autorités sociales de l'Europe, déjà faite par
Socrate et reproduite par Montesquieu, il enseigne que
chaque pays doit fonder sa réforme sur les coutumes de
ses époques de prospérité ou sur les pratique classées au
premier rang par l'opinion des contemporains. Enfin la
conclusion donne le résumé des modifications qu'il y a
lieu d'introduire successivement dans les idées, les mœurs
et les institutions de l'Occident.

Le sommaire suivant résume le plan et indique l'im-
portance relative des diverses parties de l'ouvrage.

Sommaire des trois tomes

TOME I. — LA RELIGION. — LA PROPRIÉTÉ. — LA FAMILLE

Avertissement de la première édition. — Préface de la
quatrième édition. — Avertissement des éditeurs sur
l'œuvre de M. F. Le Play. — INTRODUCTION : Les idées
préconçues et les faits, touchant la distinction du bien et
du mal. — LIVRE PREMIER : La Religion ; le scepti-
cisme n'est justifié ni par la science, ni par l'histoire,
ni par la pratique des peuples modèles ; la religion en
Russie, en Angleterre, aux Etats-Unis, en France ; la
restauration des croyances, commencée par la réforme
morale du clergé, sera complétée par l'abstention de l'Etat
et par la pratique de la tolérance. — LIVRE DEUXIÈME ;
La Propriété ; les régimes de succession rendent
fécondes ou stériles la propriété et les familles de pro-
priétaires ; inconvénients et dangers des régimes de contrainte en matière de succession ; bienfaits du régime
de la liberté testamentaire complétée par une coutume
ab intestat tendant à fonder la vie privée sur le travail
et la vertu. — LIVRE TROISIÈME : La Famille ; la stabilité
des familles a pour base la propriété continue du foyer
domestique ; leur prospérité est surtout l'œuvre d'une
femme sage et pudique ; l'autorité paternelle et la vieil-
lesse ont pour mission de transmettre aux générations
nouvelles la tradition nationale, en les dressant au respect, au travail et à la prévoyance ; la jeunesse sous
cette contrainte indispensable, dompte le vice originel

et acquiert les vertus de l'âge mûr ; la famille-souche se
montre particulièrement efficace pour assurer le bonheur
des individus et pour accroître par ses rejetons la puissance de l'Etat.

TOME II. — LE TRAVAIL. — L'ASSOCIATION. —
LES RAPPORTS PRIVÉS

LIVRE QUATRIÈME : le Travail : il a pour but social, non
la richesse, mais la vertu ; les arts usuels, moins propres
que les arts libéraux à élever le niveau intellectuel de
ceux qui y sont adonnés, les préservent mieux de la corruption ; appréciation de l'influence morale des diverses
sortes de travaux auxquels s'adonnent les populations :
agriculture, art forestier, art des mines, industrie manu-
facturière, commerce et colonisation, professions libé-
rales. — LIVRE CINQUIÈME : L'Association ou l'union du
travail dans la vertu. — Ire partie : Les Communautés ;
illusions de notre temps sur le rôle social réservé à l'association en communauté des ouvriers ; le développement
exagéré des sociétés par actions est une réaction contre
l'impuissance individuelle à laquelle nous réduit notre
régime de partage forcé ; la communauté ne s'applique
utilement qu'aux entreprises que la famille est insuffi-
sante pour aborder. — IIe partie : Les Corporations ; leur
rôle est de compléter l'activité individuelle, sans jamais
l'amoindrir ; aux corporations libres revient surtout l'enseignement supérieur des sciences, des lettres et des
arts ; écoles primaires, établissements d'enseignement
secondaire, universités, écoles spéciales ; l'éducation de
la jeunesse et de l'âge mûr. — LIVRE SIXIÈME : Les Rapports privés ou la hiérarchie dans le travail et la vertu ;
le paupérisme est le genre d'inégalité qu'il importe le
plus de faire disparaître ; pour cela le patronage libre est
aussi efficace que l'ancien régime de contrainte ; la réglementation spéciale des ateliers a de grands inconvénients ;
vices des régimes de monopole ; le prétendu principe des
nationalités est une funeste erreur ; utilité des petites
nations ; respect des races souffrantes ; rôle bienfaisant
des vraies autorités sociales.

TOME III. — LE GOUVERNEMENT

LIVRE SEPTIÈME : Le Gouvernement. — Ire *partie* : Le Choix des modèles ; plus la souffrance s'accroît chez une nation, plus les pouvoirs de la vie publique empiètent sur la vie privée la coutume, les mœurs, la loi écrite ; le gouvernement local ; les petites nations sont moralement plus saines que les grandes ; modèles offerts par les États scandinaves, les petits États allemands, ia Suisse, les Pays-Bas et la Belgique, l'Italie, l'Espagne ; le modèle le plus utile pour la réforme en France est la constitution sociale du Royaume-Uni de Grande-Bretagne et d'Irlande ; aperçu des institutions privées de ce grand État en 1864 ; la paroisse ; le comté ; les agglomérations urbaines ; les régimes provinciaux d'Angleterre, d'Écosse et d'Irlande ; le gouvernement central du Royaume-Uni; l'esprit de la constitution britannique. — IIe *partie* : La Corruption et la Réforme en France ; l'antagonisme et l'intolérance, créés par les abus de la monarchie en décadence, aggravés par les erreurs de la Révolution ; la bureaucratie irresponsable ; les fausses méthodes de réforme ; imperfections de la vie communale ; ruine de la vie provinciale ; le gouvernement central a pour but essentiel le règne de la paix publique.

CONCLUSION : Les Conditions de la réforme en 1864 ; l'Épilogue de 1878.

III

Sur le nouvel Ordre de récompenses institué à l'Exposition universelle de 1867, pour les ateliers de travail où règnent le bien-être, la stabilité et l'harmonie.

Conformément au décret impérial du 9 juin 1866, les prix, les mentions honorables et les citations indiqués ci-après ont été attribués par le Jury international aux établissements et aux localités qui ont le mieux conservé, avec les six pratiques essentielles à la Coutume (*L'Organisation du travail*, §§ 19 à 25), le bien-être, la stabilité et l'harmonie. Les récompenses ont été décernées par l'Empereur, dans la grande solennité du 1er juillet 1867, en présence de 25.000 personnes. Elles ont été proclamées selon l'ordre alphabétique des États[1].

PRIX

ALLEMAGNE DU NORD. — Le baron de Diergardt. Fabrique de soie et de velours, à Vierzen (Prusse rhénane). = ALLEMAGNE DU SUD. — M. Staub. Filature et tissage de coton, à Kuchen (Wurtemberg). = AUTRICHE. — M. Liebig. Filature de laine, à Reichenberg (Bohême). = BELGIQUE. — Société des mines et fonderies de zinc de la Vieille-Montagne. = BRÉSIL. — Colonie agricole de Blumenau (province de Sainte-Catherine). = ÉTATS-UNIS d'AMÉRIQUE. — M. W. Chapin. Filature et fabrique de tissus, à Lawrence (État de Massachusets). = FRANCE. — MM. Schneider et Cie. Forges, fonderies et fabrique de machines au Creusot (Saône-et-Loire). — MM. de Dietrich. Forges et fonderies de fer, à Niederbronn (Bas-Rhin). — M. Goldenberg. Forges et fabrique de quincaillerie, à Zornoff, près Saverne (Bas-Rhin). — Le groupe industriel de Guebwiller (Haut-Rhin). Grands ateliers pour la filature et le tissage du coton. — MM. Mame. Imprimerie, à Tours (Indre-et-Loire). = ITALIE. — Le comte de Larderel. Fabrique d'acide borique, à Larderello (Toscane). = SUÈDE. — Société des mines de houille, des verreries et des fabriques de poteries de Hoganaes (Scanie).

MENTIONS HONORABLES

ALLEMAGNE DU NORD. — M. Baltze. Usines à briques de Salzmünde (province de Saxe). — M. Frédéric Krupp. Fonderie d'acier, à Essen (Prusse rhénane). — Le consul

---

1. Voir pour plus de détails : *Exposition de 1867. Rapport sur les ateliers qui conservent le mieux la paix sociale* (au secrétariat, prix franco : 1 fr.).

Quistorp, Fabrique de ciment à Lebbin, près Stettin (Poméranie). — MM. Stumm frères. Fonderie et forge à Neunkirchen, près Saarbruck (Prusse rhénane). = ALLEMAGNE DU SUD. — M. Lothaire de Faber. Fabrique de crayons, à Stein, près Nuremberg (Bavière). — MM. Haueisen et fils. Fabrique de faulx et faucilles, à Neuenbourg (Wurtemberg). — M. Charles Mez. Filature de soie, à Fribourg-en-Brisgau (grand-duche de Bade). = AUTRICHE. — M. Henri Drasché. Houillères et usines à briques, en Hongrie et en Basse-Autriche. — MM. Philippe Haas et fils. Fabrique de tapis et de tissus pour meubles, à Vienne (Autriche). = M. le chevalier de Wertheim. Fabrique d'outils et de coffres-forts à Vienne (Autriche). = BELGIQUE. — Société des mines de Bleyberg (province de Liège. = ESPAGNE. — M. Vincent Lassala. Domaine rural, à Masia-de-la-Mar, près Chiva (province de Valence). = ETATS-UNIS. — Colonie agricole de Vineland (New-Jersey). = FRANCE. — Compagnie des verreries et cristalleries de Baccarat (Meurthe). — MM. Bouillon. Forges à fer de Larivière, près Limoges (Haute-Vienne). — Le baron de Bussière. Fabrique de machines à Graffenstaden (Bas-Rhin). — Société des forges à fer de Châtillon et Commentry (Côte-d'Or et Allier). — MM. Gros, Roman, Marozeau et Cie. Filature de coton et fabrique de tapis, à Wesserling (Haut-Rhin). — MM. Japy frères. Fabrique d'horlogerie à Beaucourt (Haut-Rhin). — MM. Legrand et Fallot. Fabrique de rubans de coton, au Ban-de-la-Roche (Vosges et Bas-Rhin). — Compagnie des glaces de Saint-Gobain, Chauny et Cirey (Aisne et Meurthe). — M. Sarda. Fabrique de rubans de velours, aux Mazeaux (Haute-Loire). — MM. Steinhell, Dieterlen et Cie. Filature de coton et fabrique de tissus, à Rothau (Vosges), = SUÈDE. — MM. James Dickson et Cie. Forges à fer et exploitations forestières du golfe de Bothnie.

CITATIONS PROCLAMÉES
DANS LA DISTRIBUTION SOLENNELLE DES RÉCOMPENSES

CONFÉDÉRATION SUISSE. Institutions de bien public. = ESPAGNE. Coutumes spéciales de la Catalogne et du Pays

Basque. = PAYS-BAS. Société du bien public. = PORTU-
GAL. Associations professionnelles. = RUSSIE. Les Ar-
tèles, ou associations d'ouvriers pour les travaux des
villes.

IV

Sur l'exposition d'Economie sociale à l'Exposition universelle de 1889. — Les institutions patronales.

L'exposition d'Economie sociale de 1889 était divisée
en seize sections se rapportant aux divers chapitres de la
science sociale, étudiés chacun séparément (salaire, participation aux bénéfices, syndicats, épargne, retraites,
secours mutuels, habitations ouvrières, etc.). Toutefois la
section XIV, sous le titre d'*Institutions patronales*,
réunissait dans un tableau d'ensemble, pour chaque
entreprise industrielle, commerciale ou agricole, toutes
les institutions créées par l'initiative des patrons en
faveur de leur personnel. Elle a été ainsi le cadre d'études
synthétiques, montrant, dans les efforts qui les ont sus-
citées comme dans les effets qu'elles ont produits, les
coutumes et les institutions les plus propres à maintenir
la paix des ateliers. Bien que forcément incomplète et ne
représentant qu'une faible part du bien qu'ont accompli
les patrons français, la section XIV a mis en lumière des
enseignements d'une si haute portée sociale qu'il était
nécessaire de la mentionner au moins ici, en donnant la
liste des récompenses décernées par le jury[1].

GRANDS PRIX

FRANCE. — Anzin (Compagnie des mines d') — Baccarat (Cristallerie de). — Blanzy (Compagnie des houillères
de). — Le Bon-Marché, à Paris. — Mame (Alfred) et fils,
à Tours. — Schneider et Cie, au Creusot.

---

1. Voir pour plus de détails le rapport d'ensemble de M. Léon Say,
et surtout le rapport spécial à la section XIV, par M. E. Cheysson
(Imp. nat. 1892 ; grand in-8°, VIIII-66 p.).

BELGIQUE. — Mariemont et Bascoup (Société anonyme des charbonnages de). — Vieille-Montagne (Société des mines et fonderies de zinc de la), à Chénée.

MÉDAILLES D'OR

FRANCE. — Agache fils, à Pérenchies. — Albaret, à Liancourt-Rantigny. — Assurances générales (Compagnie d'), à Paris. — Baille-Lemaire, à Paris. — Barbas, Tassart et Balas, à Paris. — Bessèges (Compagnie houillère de). — Besselièvre, à Maromme. — Boulenger, à Choisy-le-Roi). — Chaix (Imprimerie et librairie centrales des chemins de fer), à Paris. — Chandon et Cie, à Epernay. — Deberny et Cie, à Paris. — Gaz (Compagnie parisienne d'éclairage et chauffage par le). — Janvier père et fils et Cie, au Mans. — Kestner et Cie, à Bellevue. — Laroche-Joubert et Cie, à Angoulême. — Maistre (Jules), à Villeneuvette. — Ménier, à Paris. — Messageries maritimes (Compagnie des). — Moutier (Paul), à Saint-Germain-en-Laye. — Omnibus de Paris (Compagnie générale des). — Ouest (Compagnie des chemins de fer de l'). — Ourscamp (Société d'), Mercier et Cie, à Ourscamp. — Paris-Lyon-Méditerranée (Compagnie des chemins de fer de). — Pavin de Lafarge (J. et A.), à Viviers. — Peugeot frères (les fils de), à Valentigney. — Piat (Albert), à Paris. — Pleyel, Wolf et Cie (G. Lyon, directeur), à Paris. — Seydoux, Sieber et Cie, au Cateau. — Solvay et Cie, à Dombasle. — Suez (Compagnie universelle du canal maritime de). — Tabacs (Direction générale des manufactures des). — Thaon (Blanchisserie de), M. Lederlin, directeur. — Union (Compagnie d'assurances contre l'incendie, l'), à Paris. — Union (Compagnie d'assurances sur la vie, l'), à Paris. — Vezin-Aulnoy (Société de), M. Sépulchre, à Maubeuge. — Vidalon (Société anonyme des papeteries), à Annonay.

ALSACE-LORRAINE. — Steinheil, Dieterlen et Cie, à Rothau.

BELGIQUE. — Bois-du-Luc (Société des charbonnages de). — Neyer (De) et Cie, à Willebroeck.

PAYS-BAS. — Fabrique néerlandaise de Delft (M. Van Marken, directeur).

MÉDAILLES D'ARGENT

FRANCE. — Decauville aîné (Société), à Petit-Bourg. — Forges de Champagne (Compagnie des), à Vassy. — Forges et aciéries du Nord et de l'Est (Société anonyme des), à Valenciennes. — Gilbert et Cie, à Givet. — Houillères de Saint-Etienne (Société anonyme des). — La Roche-la-Molière et Firminy (Compagnie des mines de), à Firminy. — Lombart (Jules), à Paris. — Lung (Albert), à Moussey. — Mines de la Loire (Société anonyme des), à Saint-Etienne. — Montrambert et la Béraudière (Société anonyme des houillères de), à Lyon. — Redouly et Cie, à Paris. — Rochefort-en-Terre (Société des ardoisières de), M. Autissier, gérant. — Saint frères, à Paris. — Simon et Cie, à Paris. — Sordes, Huillart et Cie, à Suresnes. — Vandel aîné et Cie, à la Ferrière-sous-Jougne. — Vincent Ponnier et Cie, — Waddington fils et Cie (Filatures et tissages de MM.), à Saint-Rémy-sur-Avre. — Walter-Seitz, à Granges.

MÉDAILLES DE BRONZE

FRANCE. — Campagnac (Compagnie des mines de). — Colin (Armand), à Paris. — Coumes, à Bayon. — Courtehoux, à Sedan. — Garnier, Thiébault frères, à Gérardmer. — Oissel (Société anonyme de la filature d'), — Tissus de laine des Vosges (Société anonyme des), au Thillot.

BELGIQUE. — Marcinelle et Couillet (Société anonyme de), à Couillet.

MENTIONS HONORABLES

FRANCE. — Ducher, à Paris. — Trèves (A.) et fils, à Paris.

COLLABORATEURS

MÉDAILLES D'OR

FRANCE. — Dieterlen (Jules), sous-directeur de la Société de Thaon. — Dubois (Frédéric), imprimerie Chaix. — Langeron, Compagnie des houillères de

Blanzy. — Laurent, ingénieur en chef des Manufactures de l'Etat. — Marsault (J.-B.), ingénieur en chef de la Compagnie houillère de Bessèges. — Mayer (Ernest), ingénieur en chef conseil de la Compagnie des chemins de fer de l'Ouest.

MÉDAILLES D'ARGENT

FRANCE. — Adam (Louis), Forges de Champagne. — Albaret (J.-B. Bernard), maison Albaret. — Berger (Gustave), imprimerie Chaix. — Brehon, Compagnie du Creusot. — Brun, Boulenger. — Dargnies (Mme), Manufactures de l'Etat. — Darquier (Mme), Manufactures de l'Etat. — Diehl (Edouard), Société de Thaon. — Douët (Mme), Manufactures de l'Etat. — Goubault (Ernest-Alexandre), Chandon et Cie. — Juillard (Louis), Peugeot frères. — Lonette, Manufactures de l'Etat. — Marcelle (Mme Marie), en religion sœur Cécile, Chemins de fer de l'Ouest. — Mursch, Société de Thaon. — Siméon, Pavin de Lafarge. — Wünschendorff, Manufactures de l'Etat.

BELGIQUE. — Ardant (Gabriel), Société de la Vieille-Montagne. — Beck (César), Société de la Vieille-Montagne. — Boudeville (Raoul), Société de la Vieille-Montagne. — Bris (Artus), Société de la Vieille-Montagne. — Gillard (Auguste), Société de la Vieille-Montagne. — Jamme (Henri), Société de la Vieille-Montagne. — Picard (Edgard) Société de la Vieille-Montagne.

PAYS-BAS. — Knuttel à Delft, Van Marken.

MÉDAILLES DE BRONZE

FRANCE. — Adam, Manufactures de l'Etat. — Charrier, Manufactures de l'Etat. — Machet, Manufactures de l'Etat.

V

Les Unions de la Paix sociale

L'étude du passé et l'observation du présent enseignent que certaines institutions sociales engendrent invariablement la paix, tandis que d'autres créent ou entretiennent la discorde. Tout homme de bonne foi, s'il est instruit de ce contraste, tire lui-même la conclusion pratique. Cette étude comparée des constitutions sociales de tous les lieux et de tous les temps a été commencée, il y a un demi-siècle, par F. Le Play et continuée, depuis cette époque, d'après la même méthode, par un groupe considérable d'observateurs. Mais il est nécessaire de propager partout les conclusions ainsi déduites de l'étude des faits et de les mettre en pratique.

C'est pour atteindre ce but que les *Unions de la Paix sociale* se sont spontanément constituées autour de F. Le Play, à la suite des événements de 1871. Elles sont aujourd'hui réparties en France et à l'étranger, par petits groupes autonomes, unis entre-eux par la communauté de la méthode et reliés par la revue *la Réforme sociale* qui leur sert d'organe.

L'action des *Unions* s'exerce surtout par l'intermédiaire de CORRESPONDANTS locaux. Le titre de CORRESPONDANT est accordé aux membres qui veulent bien entrer en rapport avec le secrétaire général des *Unions* et prendre l'initiative de la formation d'un groupe dans leur voisinage. Le rôle des CORRESPONDANTS est de servir d'intermédiaires soit pour transmettre au comité de rédaction de *la Réforme sociale*, et faire ainsi connaître à tous leurs confrères les faits curieux et les observations spéciales de leur localité; soit pour provoquer autour d'eux l'application des réformes indiquées par les enseignements de l'expérience ; soit enfin pour recruter des adhésions et présenter des membres nouveaux.

Pour être admis dans les *Unions de la Paix sociale*, il faut être présenté par un membre, ou adresser directement au secrétaire général une demande d'admission Cette adhésion aux doctrines des *Unions* implique l'obligation morale de concourir à leur développement, par la propagande des idées et le recrutement des adhérents. Tous les membres ont donc le devoir : 1º de lire quelques-uns des livres de Le Play dont rien ne peut remplacer l'étude; 2º de propager autour d'eux la connaissance de ces mêmes livres et de la revue *la Réforme sociale* ; 3º de gagner ainsi aux *Unions de la Paix sociale* de nouveaux membres qui deviendront à leur tour de zélés auxiliaires.

Les noms des membres nouvellement admis sont publiés dans la *Réforme sociale*.

Les *Unions* se composent de membres *associés* et de membres *titulaires*. Les uns et les autres payent une cotisation annuelle de 15 francs (de janvier à décembre) qui leur donne droit à recevoir *la Réforme sociale*. Mais les membres *titulaires* concourent plus intimement aux travaux qui servent de base à la doctrine des *Unions*. Ils payent, outre la cotisation annuelle, un droit d'entrée de 5 francs au minimum au moment de leur admission. Ils reçoivent, en retour, pour une valeur égale d'ouvrages de F. Le Play.

Adresser les communications, envois d'argent ou demandes de livres, au secrétariat, 54, rue de Seine, à Paris.

VI

La Réforme sociale, revue bimensuelle, fondée en 1881 par F. Le Play.

Avec la collaboration de MM. Ant. d'Abbadie, Paul Allard, J. Angot des Rotours, F. Auburtin, Albert Babeau, Paul Baugas, H. Beaune, Bérenger, A. Béchaux, G. Blondel, V. Bogisic, Victor Brants, J. Cazajeux, E. Cheysson, A. des Cilleuls, A. Delaire, Ch. Dejace, Arthur Desjardins, Paul Desjardins, Ernest Dubois, E. Duthoit, Etcheverry, G. Fagniez, Fournier de Flaix, Fougerousse Funck-Brentano, A. Gibon, Albert Gigot, Glasson, Louis Guibert, E. Gruner, Urbain Guérin, Hubert-Valleroux, J. Imbart de la Tour, Henri Joly, Armand Julin, Clément Juglar, J. Lacointa, Lagasse, René Lavollée, Léon Lefébure, Albert Le Play, Anatole Leroy-Beaulieu, E. Levasseur, Raphaël-Georges Lévy, Paul de Loynes, de Luçay, du Maroussem, Jules Michel, A. Moireau, L. Ollé-Laprune, G. Picot, O. Pyfferoen, A. Raffalovich, J. Rambaud, Ch. de Ribbe, Eugène Rostand, Santangelo Spoto, René Stourm, Victor Turquan, Maurice Vanlaer, Welche, etc., etc.

En publiant *les Ouvriers européens*, Le Play a défini, dès 1855, les procédés d'observation propres à l'étude des sociétés et en a montré la féconde application. Plus tard, de terribles désastres ont frappé notre patrie. Par une sorte de prévision scientifique, appuyée sur l'observation, l'auteur de la *Réforme sociale en France* les avait entrevus et annoncés à une époque où l'horizon était serein et, sur quelques points, radieux. Après ces jours d'épreuves, il a repris avec l'inflexibilité et le calme de la science la démonstration commencée et, de la même voix qui avait prédit la décadence, il s'est efforcé d'indiquer le chemin du salut. A son appel ont répondu de toutes parts les hommes de dévouement. De là sont nées, en 1872, les *Unions de la Paix sociale*. Enfin un enseignement s'est organisé pour propager l'emploi de la méthode et en favoriser les applications.

C'est pour servir de lien à cet ensemble d'efforts, et pour satisfaire ainsi à un vœu souvent renouvelé que la Revue bi-mensuelle *la Réforme sociale* a été créée au mois de janvier 1881 afin de remplacer, en le développant, l'*Annuaire*[1] qui publiait les travaux des Unions depuis 1875. Les succès si marqués qui l'ont accueillie dès son début prouvent qu'elle répondait à une nécessité et qu'elle arrivait à son heure. Elle a immédiatement groupé autour d'elle, en France et à l'étranger, ce public nombreux et intelligent qui commence à se fatiguer des improvisations hâtives du journalisme, qui éprouve une répugnance secrète pour les agitations sans but et pour les affirmations stériles, et qui désire préparer enfin à la société moderne un avenir de stabilité et de prospérité. Elle continue à étudier les problèmes économiques et sociaux qui prennent aujourd'hui le premier rang dans les préoccupations de l'opinion publique, et elle en demande la solution à l'observation des faits, selon la méthode de F. Le Play, en dehors de tout esprit de parti et de toute théorie préconçue.

---

1. *Annuaires des Unions et de l'Économie sociale*, 1875 1880; 5 vol., prix, 15 francs.

La Réforme sociale paraît le 1ᵉʳ et le 16 de chaque mois. Elle a été augmentée à partir de 1891 et forme maintenant par an deux forts volumes de 900 à 1000 pages, complétés par des tables analytiques.

Les membres de la Société d'économie sociale et les membres des Unions de la Paix sociale reçoivent la revue en retour de leurs cotisations annuelles.

Les personnes étrangères aux deux Sociétés peuvent s'abonner aux conditions suivantes : FRANCE : Un an, 20 fr.; six mois, 11 fr. — Union postale : Un an, 25 fr.; six mois, 14 fr. — Les abonnements partent du 1ᵉʳ janvier ou du 1ᵉʳ juillet. — Chaque livraison, 1 franc.

Toute demande d'abonnement ou de renouvellement doit être accompagnée d'un mandat-poste au nom de M. Prévost, administrateur de *la Réforme sociale*.

Prix de la collection

La première série complète (10 vol.) : 80 fr. — Les tomes I, III, IV, presque épuisés, ne se vendent qu'avec la collection complète. Chacun des autres volumes se vend au prix de 5 fr.

La deuxième série complète (10 vol.) : 80 fr. — Les tomes IX et X, presque épuisée, ne se vendent qu'avec la collection complète. Chacun des autres volumes se vend au prix de 5 fr.

La troisième série complète (10 vol.) : 80 fr. — Les tomes III et V, presque épuisés, ne se vendent qu'avec la série complète. Chacun des autres volumes se vend 7 fr.

La quatrième série (en cours). — Chaque volume : 7 fr.

VII

L'ENSEIGNEMENT SOCIAL

L'École de la paix sociale a toujours considéré comme l'une de ses tâches principales l'enseignement de la science sociale. A la vérité, elle a perdu celui que Le

Play appelait le « maître formé par quarante années de travaux » (*Ouvriers européens*, t. Ier, XVII, 10), M. Ad. Focillon, qui avait été le collaborateur assidu de l'auteur de la *Réforme sociale en France* et longtemps le seul professeur en quelque sorte de cet enseignement. Frappé une première fois au milieu même de ses leçons (1883), il avait dû momentanément les interrompre, pour les reprendre ensuite jusqu'à la fin de sa vie (1890). D'autres, d'ailleurs, s'étaient peu à peu groupés autour de lui, et quelques-uns de ses élèves ont pu, à leur tour, prendre part à la tâche. C'est ainsi qu'indépendamment des groupes d'études pratiques déjà mentionnés, on peut relever les noms et les sujets suivants dans les cours donnés sous les auspices de la Société d'économie sociale :

M. AD. FOCILLON, ancien directeur de l'École municipale Colbert : La famille dans ses rapports avec les autres éléments de la constitution sociale (1888). — Les réformes des institutions publiques en France d'après l'observation comparée des autres nations (1889). — Le Play, sa vie, sa méthode et son œuvre de reconstitution de la science sociale (1890).

M. E. CHEYSSON, inspecteur général des ponts et chaussées, professeur d'économie politique à l'École des Mines : Les voyages d'études économiques et sociales : la monographie d'atelier (1887). — La monographie : famille, atelier, commune (1895).

M. CLAUDIO JANNET, professeur à la Faculté libre de droit de Paris : La méthode d'observation et ses applications (1886). — La fortune mobilière et la spéculation (1893).

M. URBAIN GUÉRIN : Les monographies de famille et les voyages d'études (1886-1888). — La propriété et son rôle social sous ses diverses formes : La communauté (1887); la propriété patronale (1889); la petite propriété (1891). — Les associations ouvrières dans l'industrie moderne (1890). — Les réformes nécessaires du gouvernement local, commune et province (1892). — L'organisation du pouvoir central; les ministres (1893); le Parlement (1894). — L'industrie des transports à Paris (1895).

M. A. BÉCHAUX, professeur à la Faculté libre de droit de Lille : L'économie sociale et le Code civil (1890). — Le rôle de l'État d'après la science sociale (1891). — Les revendications ouvrières en France (1893) [1].

M. HUBERT VALLEROUX, avocat à la Cour d'appel : Les associations professionnelles; corporations et syndicats (1892).

Les cours ont lieu maintenant chaque hiver dans la grande salle de la Bibliothèque de la Société d'Économie sociale (rue de Seine, 54).

A ce même mouvement d'études il faut aussi rattacher le cours libre professé depuis sept ans à la Faculté de droit de Paris par M. Pierre du Maroussem, docteur en droit, sur *la Question ouvrière d'après la méthode monographique*. Chaque année le cours comprend d'abord l'exposé de la méthode des monographies de familles et d'ateliers, puis l'application de cette méthode à la monographie d'un métier : les Charpentiers (1890); les Ébénistes du faubourg Saint-Antoine (1891); les Ouvriers du jouet (1892); les Halles centrales de Paris (1893); le Pain, le Vin et la Viande (1894); l'industrie du Vêtement; enquête comparée à Paris et à Vienne (1895); questions agraires (1896).

Il convient enfin de rappeler ici les conférences et les cours organisés par les Unions de la Paix sociale. Ce sont tantôt des leçons régulières avec devoirs et exercices, tantôt des conférences dominicales. Cet enseignement, pour lequel la Société et les Unions donnent chaque année des ouvrages à distribuer en prix, a lieu, soit dans les écoles primaires de divers degrés, soit dans les écoles professionnelles, soit même dans quelques établissements secondaires. Il s'est multiplié surtout à Lyon, à Saint-Étienne, à Roanne, à Lille, à Dijon, à

---

1. Ce cours a été publié chez Guillaumin en 1 vol. in-18; prix : 4 fr.; pour les membres, 3 fr.

Aubusson, au Mans, etc. Un prix fondé par la Société encourage les études économiques et sociales à l'École des Hautes Études industrielles de Lille. Le groupe des Unions du Nord a donné en 1893, 1894 et 1895 une série de conférences très suivies et terminées par un concours avec deux prix (300 et 200 fr.) et plusieurs mentions, auxquels la Société a ajouté des dons de livres.

A cet ensemble se sont ajoutés, en 1894, les conférences publiques du Comité de défense et de progrès social présidé par M. Anatole Leroy-Beaulieu, de l'Institut (ci-dessus, p. 9 et 16), et les groupes d'études pratiques d'économie sociale sous la direction de M. E. Glasson, de l'Institut (ci-dessus, p. 9 et 17).

La Société, appuyée sur la revue périodique *la Réforme sociale* s'applique ainsi, selon le vœu de son fondateur, à propager le goût des études sociales, la connaissance des monographies et la pratique de la méthode d'observation.

VIII

BIBLIOTHÈQUE DE LA PAIX SOCIALE[1]

Ire SECTION. — ŒUVRES DE F. LE PLAY

Editées à Tours par MM. A. MAME et fils.

Les Ouvriers européens. Études sur les travaux, la vie domestique et la condition des populations ouvrières de l'Europe, 2e édit. 6 vol. in-8 vendus séparément........................ 6 50
La Réforme sociale en France. 7e édition. 3 vol. in-18................................. 6 fr.
L'Organisation du travail. 6e édition. 1 volume in-18................................. 2 fr.

1. Grâce au dévouement désintéressé de MM. Mame, des remises considérables sont faites aux membres de la Société d'économie sociale et des Unions sur presque tous les ouvrages de la Bibliothèque.

L'Organisation de la famille. 4e édition. 1 vol.
   in-18..................................... 2 fr.
La Paix sociale après les désastres de 1871.
   1 brochure in-18........................ 0 60
La Correspondance sociale. 9 broch. in-18..... 2 fr.
La Constitution de l'Angleterre. 2 vol. in-18... 4 fr.
La Réforme en Europe et le Salut en France.
   1 vol. in-18............................. 1 50
La Constitution essentielle de l'humanité. 2e
   édition. 1 vol. in-13..................... 2 fr.

IIe SECTION. — PUBLICATIONS DE LA SOCIÉTÉ D'ÉCONOMIE SOCIALE ET DES UNIONS

Les Ouvriers des Deux Mondes. Suite des *Ou-*
vriers européens, 1re série (rare). 5 vol. in-8.
   80 fr. ; t. II à V : chaque vol............... 10 fr.
   2e série ; ch. tome 15 fr. ; t. V en cours ; chaque
   monographie........................... 2 fr.
Instruction sur la méthode des monographies.
   Nouv. édit. 1 vol. in-8°................... 2 fr.
Bulletin des séances de la Société d'économie
   sociale. 9 vol. in-8°...................... 68 fr.
La Réforme sociale, Revue bimensuelle fondée
   par F. LE PLAY,
   1re série (1881-1885), (rare) 10 vol. in-8°...... 80 fr.
   2e série (1886-1890), (rare) 10 vol. in-8°...... 80 fr.
   3e série (1891-1895), 10 vol. in-8°.......... 80 fr.
   4e série, commencée en 1896, ch. vol........ 7 fr.
Annuaire des Unions et de l'Économie sociale,
   5 vol.................................. 15 fr.
Exp. de 1867. Rapport sur les ateliers qui conservent la paix sociale, in-8°.............. 1 fr.
Enquête sur l'application des Lois de Succession :
   Ire série : 1er fasc. : Dauphiné et Pays Basques.
   — 2e fasc. : Provence. — IIe série : 1er fasc.
   Rapport général ; Enquête dans les Cévennes,
   les Pays Basques, la Guienne, la Franche-
   Comté. — 2e fasc. : La petite propriété. —
   3e fasc. : L'autorité paternelle ; Enquête dans

la Creuse, le Limousin, l'Artois, etc. — 4e fasc.,
La protection des biens de famille. — 5e
fasc. : L'homestead aux États-Unis et en
France ; La protection de la petite propriété ;
Les partages d'ascendants. — Ch. fasc..... 2 fr.

Brochures de propagande (à 0 fr. 10)

L'École de la paix sociale (extrait de la *Constitution
essentielle*).
*Les Unions de la paix sociale, leur programme d'ac-
tion et leur méthode d'enquête,* par A. DELAIRE,
secrétaire général des Unions, 6e édit.
*Les conditions de la réforme en France après cent ans
d'erreur et de révolutions* (extrait de la *Réforme
sociale en France*).
F. Le Play et la science sociale, par A. DELAIRE, 2e
édition.
La corruption, par A. DELAIRE, 2e édit.
*Les Unions de la paix sociale et les écoles socialistes ;
réponse à M. Rouanet, député,* par M. A. DELAIRE,
2e édit.
*Aperçu sur la situation de la religion et du clergé en
France,* 3e édition.

IIIe SECTION. — PUBLICATIONS DU COMITÉ DE DÉFENSE ET DE PROGRÈS SOCIAL

1. — *Conférences* (broch. in-18 à 0 fr. 05).

No 1. — *Pourquoi nous ne sommes pas socialistes,* par
M. ANATOLE LEROY-BEAULIEU, de l'Institut.
No 2. — *L'usage de la liberté et le devoir social,* par
M. GEORGES PICOT, de l'Institut.
No 3. — *Le progrès social par l'initiative indivi-
duelle,* par M. EUGÈNE ROSTAND.
No 4. — *Le devoir d'aînesse,* par M. PAUL DESJARDINS.
No 5. — *Le rôle et le devoir du capital,* par M E.
CHEYSSON.

N° 6. — *Le devoir social de la jeunesse*, par M. WA-
GNER.

N° 7. — *De la responsabilité de chacun devant le mal
social*, par M. OLLÉ-LAPRUNE.

N° 8. — *Les assurances ouvrières et le socialisme
d'État*, par M. ALBERT GIGOT.

N° 9. — *L'agriculture et le socialisme*, par M. D.
ZOLLA.

N° 10. — *Le Comité de défense et de progrès social*,
par M. A. LEROY-BEAULIEU.

N° 11. — *La liberté d'association*, par M. GABRIEL
ALIX.

N° 12. — *La diffusion de la fortune mobilière en
France*, par M. RAPHAEL-GEORGES LÉVY.

N° 13. — *Le rôle social de l'écrivain*, par M. RENÉ
DOUMIC.

N° 14. — *La coopération, ses bienfaits et ses limites*,
par M. MABILLEAU, correspondant de l'Institut.

N° 15. — *Les solutions socialistes et le fonctionna-
risme*, par M. EUGÈNE ROSTAND.

2. — *Brochures in-18 à 0 fr. 25* (couronnées dans le
Concours de 1895-96).

A. — *La propriété est-elle légitime?* par M. ANDRÉ
VOVARD, lauréat de la Faculté de droit de Bordeaux.

B. — *Les adversaires de la propriété*, par M. DE
SAINT-GENIS, ancien conservateur des hypothèques.

C. — *Le principe de la propriété*, par M. le pasteur
MAURICE CONSTANÇON.

3. — *Tracts à 0 fr. 70. le cent* (couronnés dans le
Concours 1895-96).

1. — *La propriété.* — Dialogue entre deux paysans.

2. — *Histoire d'une casquette.*

3. — *La nationalisation du sol.* — Dialogue entre un
paysan et un socialiste.

4. — *Le plus coûteux des gouvernements.*

IVe SECTION. — BIBLIOTHÈQUE ANNEXÉE

GEORGES ALBERT. La liberté de tester. Gr. in-8°,
1895.. 12 fr.

FERNAND AUBURTIN. F. Le Play : Choix de ses
œuvres avec une Étude biographique et un por-
trait. (Pour les membres, 1 fr. 75.)........... 2 50

ALBERT BABEAU. Les Artisans et les Domestiques
d'autrefois, 1 vol. in-12, 3 fr. 50. — Les Bour-
geois d'autrefois, 1 vol. in-12, 3 fr. 50. — La
Vie militaire sous l'ancien régime, 2 vol. in-12,
7 fr. — Le Village sous l'ancien régime, 1 vol.
in-12, 3 fr. 50. — La Ville sous l'ancien régime, 2 vol. in-12, 7 fr. — La Vie rurale sous
l'ancien régime, 1 vol. in-12, 3 fr. 50. — La
Province sous l'ancien régime, 2 vol. in-8°,
(ouv. couronnés presque tous par l'Institut)... 12 fr.

A. BÉCHAUX. Le Droit et les Faits économiques
(ouvrage couronné par l'Académie des Sciences
morales et politiques). In-8°, 5 fr. — Les Revendications ouvrières en France. 2e édition,
1895. (Pour les membres, 3 fr.).............. 4 fr.

COMTE DE BOUSIES. Les Lois successorales dans
la société contemporaine. In-8°, 2 fr. 50. —
Le Collectivisme et ses conséquences. In-12.. 2 50

VICTOR BRANTS. Lois et Méthode de l'Économie
politique. 2e édition, in-12, 3 fr. 50. — La
Lutte pour le pain quotidien. 2e édition, in-12,
3 fr. 50 — La Circulation des hommes et des
choses. 2e édition, in-12, 3 fr. 50. — Le Régime
corporatif au XIXe siècle dans les États germa-
niques. In-12, 2 fr. — Les Théories écono-
miques aux XIIIe et XIVe siècles. In-12....... 3 50

COMTE DE BUTENVAL. Les Lois de succession ap-
préciées dans leurs effets économiques par les
Chambres de commerce de France. 4e édition,
in-18... 0 50

R. P. CASTELEIN. Le Socialisme et le Droit de
propriété. 1 vol. gr. in-8°................... 7 fr.

E. CHEYSSON. Frédéric Le Play; l'homme, la méthode, la doctrine. 1 brochure in-8°....... 0 50

ÉMILE CHEYSSON et FOCQUÉ. Les Budgets comparés des cent monographies de familles publiées dans les *Ouvriers européens* et les *Ouvriers des deux Mondes*. (Extrait du *Bulletin de l'Institut international de statistisque*.) Très rare.................................

A. COSTE. Alcoolisme et Épargne. In-32........ 0 60

ECONOMIC CLUB, Family Budgets (monographies de 28 familles d'ouvriers anglais. 1 vol. in-8° franco.................................... 4 fr.

J. FERRAND. Correspondant de l'Institut. Les Institutions administratives en France et à l'Étranger. In-8°, 6 fr. — Les Pays libres (ouvrage couronné par l'Académie des Sciences morales et politiques). In-18................ 3 50

A. GIBON. La Participation aux bénéfices. In-8°, 3 fr. — La Paix des Ateliers. In-8°........... 2 fr.

P. HUBERT-VALLEROUX. Les Associations coopératives en France et à l'Étranger (ouvrage couronné par l'Académie des Sciences morales et politiques). In-8°, 8 fr. — Les Corporations d'Arts et Métiers et les Syndicats professionnels en France et à l'Étranger (ouvrage couronné par l'Académie des sciences morales et politiques). In-8°, 8 fr. — La Charité avant et depuis 1789 (ouvrage couronné par l'Académie des Sciences morales et politiques). In-8°, 8 fr. — Le Contrat de travail (Prix Rossi, 1894). In-8° .... 8 fr.

CLAUDIO JANNET. Les États-Unis contemporains, avec une lettre de F. LE PLAY. 4e édition, 2 vol. in-12, 8 fr. — Le Code civil et les réformes indispensables à la liberté des Familles. Nouvelle édition, revue, 1894. In-18, 0 fr. 50. — Le Socialisme d'État et la Réforme sociale. 2e édit. 1 vol. in-8°, 7 fr. 50. — Le Capital, la Spéculation et la Finance au XIXe siècle. In-8°, 8 fr. — Les Grandes époques de l'histoire économique, in-12. (Pour les membres, 2 fr. 80.).. 3 50

LÉON LEFÉBURE. Le Devoir social. In-12...........   3 50

RENÉ LAVOLLÉE. Les Classes ouvrières en Europe (ouvrage couronné par l'Académie française). 3 vol. in-8°...........................   32 fr.

ANATOLE LEROY-BEAULIEU. La Papauté, le Socialisme et la Démocratie. 1 vol. in-18.........   3 50

PIERRE DU MAROUSSEM. La Question ouvrière. 4 vol. in-8°, avec préfaces de M. FUNCK-BRENTANO : I. Les Charpentiers de Paris. II. Ébénistes du faubourg Saint-Antoine; III. Le Jouet parisien; IV. Les Halles centrales et le Commerce de l'alimentation à Paris. Chaque vol...   6 fr.

JULES MICHEL. Manuel d'Économie sociale. 4ᵉ édition, refondue et augmentée, 1895. In-18..   2 fr.

GEORGES PICOT, de l'Institut. Un devoir social et les Logements ouvriers. In-18, 1 fr. — La Lutte contre le socialisme révolutionnaire. In-16..   1 fr.

OSCAR PYFFEROEN. Les Réformes communales. In-12..................................   3 50

J. RAMBAUD. Éléments d'économie politique. In-8...................................   10 fr.

CH. DE RIBBE. Les Familles et la Société en France d'après des documents originaux. 4ᵉ édition. 2 vol. in-12, 4 fr — La Vie domestique, ses modèles et ses règles. 2 vol. in-12, 6 fr. — Une Famille au XVIᵉ siècle. 1 vol. in-12, 2 fr. — Le Livre de Famille. 1 vol. in-12, 2 fr. — Le Play d'après sa correspondance. 1 vol. in-18. (Pour les membres, 1 fr. 60.)....   3 50

EUGÈNE ROSTAND. Les Questions d'Économie sociale dans une grande ville populaire (Prix Audéoud). In-8°, 8 fr. — L'Action sociale (Prix de Morogues). Gr. in-8°, 10 fr. — La Réforme des Caisses d'épargne françaises. 1ʳᵉ et 2ᵉ partie. In-8, chaque volume, 5 fr. — Une Visite à quelques institutions de prévoyance en Italie. In-8°..............................   5 fr.

MACON, PROTAT FRÈRES, IMPRIMEURS.

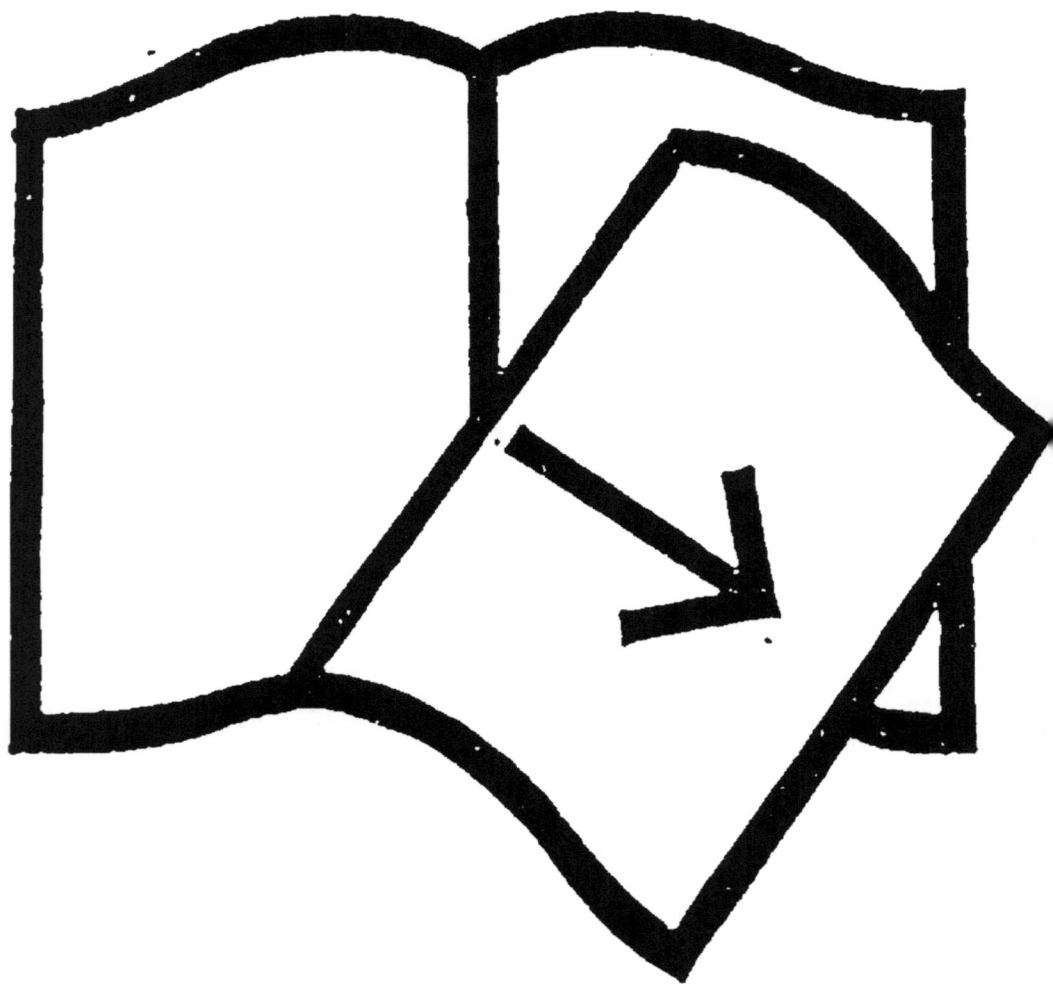

Documents manquants (pages, cahiers...)
NF Z 43-120-13